Bernd Buchterkirch, Julia Söhngen
Best of Apfelwein

Bernd Buchterkirch
Julia Söhngen

BEST OF APFELWEIN

FrankfurtRheinMain

Verband der Hessischen
Apfelwein- und
Fruchtsaft-Keltereien e.V.

Region
FrankfurtRheinMain

Herausgegeben in Zusammenarbeit mit dem Verband
der Hessischen Apfelwein- und Fruchtsaft-Keltereien e.V.;
AK Tourismus FranfurtRheinMain
c/o Tourismus + Congress GmbH Frankfurt am Main

Alle Rechte vorbehalten · Societäts-Verlag
© 2017 Frankfurter Societäts-Medien GmbH
Satz: Julia Desch, Societäts-Verlag
Umschlaggestaltung: Julia Desch, Societäts-Verlag
Umschlagabbildung: Äpfel: © photo 5000 - Fotolia.com;
Bembelmuster: © stockphoto-graf - Fotolia.com;
Autoren: Jonas Ratermann; Gitter: Reiner Rüffer
Druck und Verarbeitung: CPI books GmbH, Leck
Printed in Germany 2017

ISBN 978-3-95542-250-9

Inhalt

REGIONAL PARK
HOFSTATIONEN

KOMMEN SIE DOCH MAL RAUS.

Welche Apfelsorten geben das beste *Stöffche*? Sie möchten wissen, wie Ihre Lebensmittel angebaut werden und wer sie produziert? Erfahren Sie Landwirtschaft direkt und genussvoll – entlang der Regionalpark Rundroute. Rasten Sie an den Erlebnis- und Lernbauernhöfen oder in Hofcafés und Hofläden. Bauen Sie bei Projekten wie *Komm aufs Feld* Ihr eigenes Gemüse an und ausgewählte Partner *machen Ihnen den Hof*.

Die mit Holzstelen gekennzeichneten Hofstationen bieten solche Angebote und Infos zum Regionalpark an oder helfen Ihnen bei einem platten Reifen weiter.

www.regionalpark-rheinmain.de

Kulturerbe Apfelwein

FrankfurtRheinMain ist eine pulsierende Region. Rund um die Metropole Frankfurt mit ihrem internationalen Flair gruppieren sich geschichtsträchtige Städte wie Aschaffenburg und Mainz oder elegante Heilbäder wie Bad Homburg v. d. H. und Wiesbaden. Urbane Hochausschluchten der Skyline, mittelalterliche Fachwerk-Altstädte und elegante Jugendstil-Architektur wechseln sich ab. Burgen und Schlösser, UNESCO-Welterbestätten und Grabungsstätten der Kelten und Römer bieten für jeden Tag ein anderes Ausflugsziel. Die romantischen Flusslandschaften von Rhein und Main sowie die malerischen Wälder und Höhen des Taunus, Vogelsbergs und Spessarts bieten zahlreiche Möglichkeiten für reizvolle Ausflüge. Aktiv wandern und radeln in der Natur oder Entspannung in einer der vielen Thermen – in FrankfurtRheinMain ist alles möglich.

Diese vielfältige Region mit ihren individuellen Eigenschaften wird kulinarisch durch ein besonderes Highlight geeint – den Apfelwein. Eine Apfelweinverkostung ist, besonders für Gäste, ein völlig neues Geschmackserlebnis. Der Apfelwein ist deutschlandweit eine besondere Spezialität. Einheimische und Kenner wissen um die ungeahnte geschmackliche Vielfalt. Deren Geheimnis beruht auf rund 200 Apfelsorten, die immer noch auf den sogenannten Streuobstwiesen wachsen. Der Apfelwein gehört damit zu einem besonderen kulturellen Erbe der Region.

Grußworte

Burkhard Albers,

Landrat Rheingau-Taunus-Kreis und Vorsitzender des AK Tourismus FrankfurtRheinMain

„Für die Menschen in der Region ist der Äppelwoi viel mehr als ein Getränk. Es ist eine Lebenseinstellung, eine Identifikation mit und zu ihrer Region. Das ‚Stöffche' aus dem (möglichst) eigenen Streuobstbestand, das sie noch zu verfeinern und zu veredeln wissen, um daraus wahre ‚Perlen aus Streuobst', den Apfelsecco oder gar einen Apfelweinchampagner zu kreieren. Da kann ich nur sagen: Herz, was willst du mehr! Auf, ins Apfelweinland FrankfurtRheinMain!"

Peter Feldmann,

Oberbürgermeister der Stadt Frankfurt

„Der Reblaus und den klimatischen Veränderungen verdanken wir unseren Ebbelwei. Als sich die Reblaus durch den Rheingau (da gehört Frankfurt dazu) fraß und klimatische Veränderungen Missernten verursachten, war es Mitte des 19. Jahrhunderts plötzlich mit den Trauben und dem Wein vorbei. Der Apfel war einfach robuster. Heute freue ich mich, dass wir eine einzigartige Apfelweinkultur haben. Aus dem Getränk der armen Bauern ist ein Frankfurter Alleinstellungsmerkmal geworden wie die ‚grüne Soße'. Wie sagte schon Friedrich Stoltze: ‚Apfelwein macht schön, schlank und schlau und manchmal auch ein bisschen blau!' Prost!"

Martin Heil,
Geschäftsführer der Kelterei Heil und Vorstands-
vorsitzender des Verbands der Hessischen
Apfelwein- und Fruchtsaft-Keltereien e.V.

„Traditionen bewahren und Neues entwickeln, dies ist das Spektrum, in dem sich Apfelwein heute befindet. Unverzichtbar in der gemütlichen Apfelweinkneipe aus dem Bembel und neu als Cooper's Cider direkt aus der schmucken 0,33 l Relieflasche im Club oder als ‚Schoppe' aus der Dose auf dem Weg zum Festival oder zum Auswärtsspiel. Das alles macht Apfelwein so spannend und er kommt dazu aus Keltereien, die jeder kennt."

Bianca Eisenblatt,
Frankfurter Apfelweinkönigin Bianca I.

„Als gebürtige Hessin bin ich mit Apfelwein quasi aufgewachsen. Ich liebe unser Nationalgetränk sehr und habe mich schon immer für die verschiedenen Apfelsorten und die Produktion interessiert. Umso größer ist mein Stolz, jetzt Apfelweinkönigin zu sein. Apfelwein steht für mich für gelebte Tradition, Kultur und Heimat. Er ist das Produkt eines traditionell gepflegten Handwerks und es begeistert mich, in welcher Vielfalt ihn die Wirte und Keltereien inzwischen anbieten. Als Apfelweinkönigin kann ich aber nicht nur dazu beitragen, das ‚Stöffche' an sich noch bekannter zu machen. Es ist mir auch wichtig, die leider immer weniger werdenden Streuobstwiesen als hessisches Kulturgut ins Bewusstsein der Öffentlichkeit zu bringen. Das Amt der Apfelweinkönigin ist wirklich etwas ganz Besonderes - für mich eine Ehre und eine große Freude zugleich."

WUSSTEN SIE EIGENTLICH, DASS...

...gut zwei Drittel des deutschen Apfelweins aus Hessen kommt?

...jeder Deutsche im Durchschnitt rund einen Liter Apfelwein pro Jahr trinkt? Ausnahme: Die Hessen: Sie trinken die zwölffache Menge!

...Apfelwein das mit Abstand kalorienärmste alkoholische Getränk ist? 1 Liter enthält gerade einmal 366,5 kcal, 3,6 g Kohlenhydrate, 450 mg Eiweiß und einen Alkoholwert von 5 bis 7 Vol%.

...etwa 1,5 Kilo Äpfel benötigt werden, um einen Liter Apfelwein zu gewinnen?

...die beste Trinktemperatur für Apfelwein bei etwa 12 Grad Celsius liegt?

...Apfelwein erstmals 800 n. Chr. erwähnt wurde? In Frankfurt allerdings erst um das Jahr 1600?

...bereits 1638 per Ratsverordnung eine Reinhaltungsbestimmung festgelegt wurde, an die sich die Apfelweinkelterer noch heute halten müssen?

...1754 die erste Schankerlaubnis in Frankfurt erteilt wurde und seit diesem Zeitpunkt das Getränk auch versteuert wurde?

...die Brüder Freyeisen 1817 die erste Apfelweinkelterei in Frankfurt hatten?

...das Keltern von Äpfeln während des Ersten Weltkriegs verboten wurde? Das Obst sollte zu Konserven verarbeitet werden.

...dass die Keltereien 1933 dazu aufgefordert wurden, keinen Apfelwein mehr herzustellen, da dieser nicht zur „nationalsozialistischen Lebensordnung" passe? 1945

waren die meisten hessischen Keltereien zerstört.

...schon Kaiser Karl der Große gerne Apfelwein trank?

...Apfelwein als „Armeleutegetränk" galt?

...der Apfelwein sich erst im 19. Jahrhundert gegenüber dem Wein durchsetzen konnte? Gründe dafür sind der Verfall der Weinkultur infolge von Klimaveränderungen, militärische Verwüstungen im Zuge der Annektierung der Freien Stadt Frankfurt durch Preußen und die Ausbreitung der aus Amerika eingeschleppten Reblaus.

...mit „Geripptes" ein Apfelweinglas bezeichnet wird?

...das plastische Rautenmuster, das dem Gerippten seinen Namen gibt, dazu diente, den einstmals eher trüben Apfelwein klarer und reiner erscheinen zu lassen? Praktischer Nebeneffekt: Ein Geripptes gleitet einem nach dem Genuss fettiger Speisen, die früher meist ohne Besteck gegessen wurden, nicht so leicht aus den Fingern.

...das 0,3 Liter Glas ein Alleinstellungsmerkmal der Frankfurter Apfelweinwirte ist? In allen anderen Kneipen fassen die Gerippten 0,25 oder 0,5 Liter.

...der „Bembel" eine dickbauchige Steinzeugkanne bezeichnet, die zum Ausschenken von Apfelwein benutzt wird? In Gaststätten ruhen größere Bembel in sogenannten „Faulenzern",

schmiedeeisernen oder hölzernen Gestellen, die durch einen in der Schwerpunktachse drehbar gelagerten Kippmechanismus das Einschenken aus den schweren Steingutgefäßen erleichtern.

... Handkäs' mit Musik (wird auf der ersten Silbe betont und wie „Mussig" ausgesprochen) niemals mit der Gabel gegessen wird?

... die „Mussig" beim Handkäs' nicht etwa die Geräusche meint, die beim Verdauungsprozess des in Essig, Öl und Zwiebeln eingelegten Sauermilchkäses entstehen, sondern eine Anspielung auf früher ist? Damals wurden dem Gast Essig und Öl separat in einer Ménagère gebracht. Beim Servieren schlugen die beiden Glasfläschchen gegeneinander und machten die „Musik".

... Apfelweinwirtschaften, die ihren Apfelwein noch selbst keltern, am „Fichtekränzi" zu erkennen sind, also einem grünen Fichtenkranz mit Bembel, den sie vor der Tür aufhängen?

... es in Frankfurt zahlreiche Namen für den Apfelwein gibt? Gebräuchlich sind: Äppelwoi, Appelwein, Ebbelwoi, Ebbelwei, Schobbe, Stöffche.

... der Apfelweintrinker als „Schobbepetzer" bezeichnet wird?

... die übliche Apfelwein-Mischung der „Sauergespritzte" ist? Dafür wird der Apfelwein mit Mineralwasser verdünnt. Als „Tiefgespritzter" wird das Getränk bezeichnet, wenn es mehr Wasser als Apfelwein enthält.

... für den „Süßgespritzten" der Apfelwein mit Limonade oder Apfelsaft gemischt wird?

Allerdings ist diese Mischung in den meisten traditionellen Apfelweinlokalen absolut verpönt. Daher erhält der Gast, der ihn dennoch ordert, Apfelwein und Limonade getrennt voneinander und muss sich die „Sauerei" selbst mischen…

… heißer Apfelwein als altes Hausmittel gegen Erkältungen gilt? Dabei wird der Apfelwein erhitzt und mit Zimtstange, evtl. Gewürznelken und einer Zitronenscheibe serviert. Übrigens ist hier die Beigabe von Zucker oder Honig nicht tabu!

… es in Frankfurt seit 1977 sogar eine Straßenbahn-Sonderlinie, den bunt bemalten „Ebbelwei-Expreß", gibt?

… der weltgrößte Bembel ca. 170 cm hoch ist und ein Fassungsvermögen von 670,3 Liter Apfelwein hat? Das weltgrößte Gerippte fasst übrigens knapp 80 Liter Apfelwein. Beide können im Apfelwein-Centrum Hessen (ACH) im Hanauer „Main Genuss Laden" bestaunt werden.

… jedes Jahr am 3. Juni der Welt-Apfelwein-Tag gefeiert wird?

… sich nicht jeder Apfel zum Keltern von Apfelwein eignet? Vor allem säurehaltige, ältere Sorten aus dem Streuobstanbau wie etwa der Boskoop, Wintergoldparmäne, Kaiser Wilhelm, Luiken, Schafsnase oder Bittenfelder werden als Mostobst verwendet.

Die Streuobstwiese:
Naturschutz durch Apfelwein

Äpfel sind der Deutschen liebstes Obst. Pro Jahr und Kopf verzehren sie gut 24,7 Kilogramm. Es ist noch nicht lange her, da war der Apfel hierzulande auch die wichtigste Frucht, denn manche Sorten ließen sich den ganzen langen Winter über lagern. So war auch während der kalten Jahreszeit die Vitaminzufuhr gesichert. Es wird geschätzt, dass es weltweit mehr als 30.000 Apfelsorten gibt, 2.000 davon allein in Deutschland. In den Supermärkten scheint die Auswahl auf den ersten Blick riesig: Es gibt rote, gelbe und grüne Äpfel, solche, die mit ihren roten Bäckchen problemlos als Schneewittchen-Apfel durchgehen könnten, süße, würzige, saure, große, kleine und, und, und. Doch schaut man einmal genauer hin, stellt man fest, dass gerade einmal sieben Apfelsorten regelmäßig im Handel als klassische Tafeläpfel angeboten werden: Dies sind vorwiegend Boskoop, Cox Orange, Golden Delicious, Elstar, Gloster, Jonagold oder Granny Smith. Dank der Standardisierung des Apfels schmecken die Sorten immer gleich (gut), egal, aus welchem Land sie kommen. Sie sind immer gleich schön, gleich knackig, gleich glänzend und ohne Runzeln. Und, dank ihrer Anbauweise am Spalier, für die Obstbauern leicht zu ernten. Der Apfel, ein Industrieprodukt und rentables Geschäft. Aber auch ein Geschenk der Natur, ein bisschen Sommer im Winter. Er erinnert an die Vertreibung aus dem Paradies, hing ursprünglich als Dekoration am Christbaum. Ein Symbol dafür, dass sich der liebe Gott an Weihnachten mit der Menschheit wieder ausgesöhnt hat. Manchmal ist er sauer, manchmal süß, immer aber steckt er voller Möglichkeiten. Zum Beispiel kann man ihn zu Apfelwein verarbeiten, dem hessischen Nationalgetränk. Auf manchen Etiketten vieler

Keltereien findet man den Hinweis „Mit Äpfeln von Streuobstwiesen". Ein Zusatz, der gut klingt, zugegeben. Aber was genau ist eigentlich eine Streuobstwiese? Streuobstwiesen sind die traditionelle Form des Obstanbaus, wahrhaftige Obstgärten. Hier stehen alte, großkronige und hochstämmige Obstbäume unterschiedlicher Sorten und Arten wie Äpfel, Birnen, Pflaumen, Kirschen oder Walnüsse nebeneinander. Auf einer Fläche oder in Reihen gepflanzt, sind sie das krasse Gegenteil der intensiv gedüngten und gespritzten, eingezäunten Obstplantagen mit ihren niedrigen, buschartigen Bäumchen. Woher der Begriff jedoch tatsächlich kommt, ist nicht ganz klar, und es gibt unterschiedliche Erklärungsansätze. Einer versucht es so: Beim Betrachten einer Streuobstwiese habe man den Eindruck, als ob die hier stehenden Bäume zufällig über die Wiese verteilt/gestreut worden seien. Eine andere Herleitung verfolgt einen eher ganzheitlichen Ansatz bei der Erläuterung. Denn auf einer solchen Wiese stehen natürlich nicht nur Bäume, deren Früchte für die Weiterverarbeitung interessant sind, sondern auch das sich zwischen den Bäumen befindliche Mahdgut ist von Wert und findet als „Einstreu" im Viehstall Verwendung. Darüber hinaus kann die Grünfläche selbst auch im Frühjahr und Sommer als Weideland genutzt werden und wird kaum bis gar nicht gedüngt, was dazu führt, dass sich keine der hier wachsenden Pflanzenarten zu stark vermehren kann. Vielmehr existieren sie in stiller Eintracht nebeneinander. Durch diese ideale Symbiose und buchstäbliche Mehrfachnutzung als „Streu-Obst-Wiese" könnte diese ebenfalls ihren Namen erhalten haben.

Vor allem im 18. und 19. Jahrhundert waren sie wichtig. Vorher wurden Obstbäume hierzulande nur auf den hausnahen Grundstücken angepflanzt, später auch rund um die Dörfer. Dann aber wurde der Obstanbau ausgedehnt und es entstanden ganze

Landschaften mit hochstämmig wachsenden Obstsorten - die Streuobstwiesen. Leider verloren sie in den 1960er und 1970er Jahren immer stärker an Bedeutung, denn diese Form des Obstanbaus wurde als betriebswirtschaftlich unrentabel eingeschätzt, und der Anteil an Streuobstwiesen ging zugunsten von effektiv genutzten Obstplantagen oder Bauland drastisch zurück. Die alten Obstwiesen wurden gerodet, teilweise gab es dafür sogar staatliche Zuschüsse und Prämien. Die Folge war neben einem deutlich veränderten Landschaftsbild auch das Verschwinden vieler Tier- und Pflanzenarten. Seit Anfang der 1970er Jahre setzte sich dann aber langsam die Erkenntnis durch, dass Streuobstwiesen eine der artenreichsten Biotope in ganz Mitteleuropa sind, die es dringend zu schützen gilt. Denn in einer Streuobstwiese leben bis zu 5.000 Tier- und Pflanzenarten - Insekten, Amphibien, kleine Säugetiere oder auch Reptilien: Oben, in den Wipfeln, finden Steinkäuze,

Spechte, Fledermäuse oder Siebenschläfer ihre Heimat, in den Baumritzen, zwischen Baum und Borke, leben etwa Hornissen. Wildbienen summen herum, denn auch Honig ist ein typisches Streuobstwiesenprodukt. Man stelle sich vor: In einem einzigen alten Obstbaum können sich bis zu 300 Lebewesen ansiedeln! Kein Wunder also, dass Streuobstwiesen als eine Art „Arche Noah" für Pflanzen und Tiere gelten. Und: Ohne Streuobstwiesen kein „Stöffche", denn nur hier wachsen die guten alten Apfelsorten, wie der „Ausbacher Roter", der „Hartapfel", die „Mensfelder Glanzrenette" oder der „Odenwälder", die dem Hessischen Nationalgetränk seinen unverwechselbaren Geschmack schenken. In Frankfurt machen Streuobstwiesen übrigens laut der letzten Biotopkartierung aus dem Jahr 2008 noch 1,4 Prozent des Stadtgebietes aus. Das sind rund 355 Hektar, auf denen die geschmackvollen Äpfel wachsen.

Apropos Geschmack: Thema Apfelweinkonsum: Dieser liegt in Deutschland bei 0,6 Litern pro Bürger und Jahr. Das Rhein-Main-Gebiet fällt erwartungsgemäß aus dem Rahmen: Hier trinkt man gut und gerne zwölf Liter pro Kopf und Jahr.

Damit die Schobbepetzer allerorten sich aber nach wie vor am hessischen Nationalgetränk ihren Durst und Mut kühlen können, muss der Schutz der Streuobstwiesen weiter ausgebaut werden. Seit 2002 versucht die Landesgruppe Hessen des Pomologen-Vereins e.V. gemeinsam mit dem Naturschutz-Zentrum Hessen und dem Apfelweinverband auf alte, regionale Apfelsorten aufmerksam zu machen. Im Rahmen dieser Kampagne finden viele Aktivitäten statt, zum Beispiel Pflegemaßnahmen an Altbäumen, Pflanzaktionen oder Sortenausstellungen. Außerdem verleihen die Naturschutz-Akademie Hessen gemeinsam mit der Marketinggesellschaft MGH (Gutes aus Hessen GmbH) und dem Verband der Hessischen Apfelwein- und Fruchtsaft-Keltereien e.V. seit dem Jahr 2007 jedes Jahr den „Goldenen Apfel" für besondere Verdienste rund um den Schutz der Streuobstwiesen. Vergeben wird die Auszeichnung im Rahmen des „Apfelweinfestivals", das immer im August in der Frankfurter Innenstadt stattfindet (siehe auch S. 118, Termine).

Darüber hinaus gibt es auch eine hessische „Apfelwein- und Obstwiesenroute", die sich zwischen Main und Taunus auf rund 1.000 Kilometern erstreckt und schon 1995 gegründet wurde. Sie ist unterteilt in sechs Regionalschleifen und führt vorbei an urigen Streuobstwiesen, Lehrgärten und Lehrpfaden, zu Keltereien und Gaststätten, Direktvermarktern, interessanten Handwerksbetrieben, Sehenswürdigkeiten, Museen, Naturdenkmälern und vielem mehr (www.apfelweinroute.de). Die Wege sind mit dem einheitlichen Logo, dem roten Apfel im grünen Pfeil, gekennzeichnet. Und so fügt sich eins zum anderen: Wer Apfelwein trinkt, fördert die Verbindung zwischen Naherholung, Naturschutz und die regionale Wirtschaft. Da schmeckt unser Stöffche gleich nochmal so gut. Wohlsein!

KELTERÄPFEL: KLEINE WARENKUNDE

Für die Herstellung von Apfelwein kann längst nicht jeder Apfel verwendet werden, denn Apfel ist nicht gleich Apfel. Am besten eignen sich alte, saftige Apfelsorten mit hohem Zuckergehalt, die auf Streuobstwiesen wachsen und meist spät reifen. Eine Auswahl der beliebtesten hessischen Kelteräpfel finden Sie hier:

Boskoop

Eigentlich „Schöner von Boskoop", zählt zu den Renetten und ist ein Winterapfel. Er reift Ende September bis Mitte Oktober und ist bis März haltbar. Der Apfel kann vielseitig eingesetzt werden. Aufgrund des hohen Säuregehaltes ist der Boskoop für die Zubereitung von Apfelmus oder Apfelpfannkuchen sowie als Back- oder Bratapfel gut geeignet; Für Liebhaber säurebetonter Äpfel ist er ein ausgezeichnetes Tafelobst. Sehr beliebt ist er auch als Saft-, Most- und Obstbrandapfel.

Berlepsch

Hervorragender Lagerapfel, auch als „Nikolausapfel" bekannt. Er wurde 1880 von Diedrich Uhlhorn junior gezüchtet und gilt als eine seiner besten Apfelsorten. Hoher Vitamin C-Gehalt, sehr saftig und würzig im Geschmack.

Dietzels Rosenapfel

Der Apfel wurde als Zufallssämling 1890 in Eckartshausen bei Büdingen gefunden. Die Frucht besitzt einen erfrischenden, weinsäuerlichen Geschmack ohne hervortretendes Aroma und eignet sich sowohl als Mostobst, Wirtschaftsapfel und auch für den Frischverzehr.

Goldparmäne

Auf Französisch heißt die Sorte „Reine des Reinettes" (Königin der Renetten), was die hohe Wertschätzung dieses apfeligen Alleskönners ausdrückt. Sie gehört zu den ältesten Sorten, schmeckt leicht nussig und ist eher säurearm.

Kaiser Wilhelm

Vielseitig verwendbare Apfelsorte mit festem Fruchtfleisch: erst Tafelapfel, dann Dörr-, Wirtschafts- und Mostapfel. 1875 wurde der große, goldgelbe Apfel mit dem himbeerartigen Aroma Kaiser Wilhelm zur Geschmacksprobe vorgelegt, der daraufhin der Namensverwendung für „diesen wahrhaft majestätischen Apfel" zustimmte.

Kloppenheimer Streifling

Die um Wiesbaden und Mainz heimische alte Kultursorte eignet sich nach kurzer Lagerung zum Frischverzehr. Vorwiegend wird der Kloppenheimer Streifling jedoch als Mostapfel oder Dörrobst verarbeitet. Das Fruchtfleisch ist weißlich und fest, der Geschmack verändert sich jedoch mit der Zeit und wird süßlich-herb.

Rheinischer Bohnapfel

Der Bohnapfel gilt dank seines Aromas als einer der besten Apfelsorten für Wein, Saft und Brand. Das Fruchtfleisch ist zur Baumreife hart und sauer, durch Nachreifen wird es mild, saftig und leicht süß-säuerlich. Auch als Wirtschaftsapfel eignet sich der Bohnapfel, als Tafelapfel wird die herbe Sorte weniger empfohlen.

Roter Eiserapfel

Seit dem 16. Jahrhundert bekannt. Das Fruchtfleisch ist sehr saftig, süß und feinherb. Eine unempfindliche, ertragreiche Apfelsorte, die lange gelagert werden kann.

Rubinette

Die saftig-knackig und feinsäuerlich schmeckende, aber vergleichsweise kleinfruchtige Apfelsorte entstand 1966 und ist ein Zufallssämling der Muttersorte Golden Delicious und der Vatersorte Cox Orange. Etwas süßer als Gala Royal wird daraus ein feiner, sortenreiner Apfelwein.

Topaz

Die mittelgroßen, saftigen aromatischen Winteräpfel wurden 1984 in Tschechien gezüchtet. Vor allem im Bio-Anbau oder bei Direktvermarktern sind sie beliebt, da der Einsatz von Pflanzenschutzmitteln wegen der geringen Krankheitsanfälligkeit reduziert werden kann. Sie eignen sich als Tafel-, Most- und Wirtschaftsapfel.

Winterrambur

Auch als „Jägerapfel", „Teuringer" oder „Menzauer Jäger" bekannt. Die Früchte duften intensiv, das Fruchtfleisch ist gelblich bis weiß, schmeckt süßlich, schwach gewürzt, ist säurearm und reich an Vitamin C.

Darüber hinaus gibt es selbstverständlich noch eine Vielzahl weiterer Kelteräpfel, und jeder Apfelweinhersteller hat seine eigenen Favoriten. Hierzu zählen Sorten wie Schafsnase, Borsdorfer, Brettacher, Gewürzluike, grüner Fürstenapfel, Himbacher Grüner, Bittenfelder, Ruhm von Keltersbach, Hilde, Ontario, Roter Trierer,

Spätblühender Taffetapfel, Haux, Weinapfel und viele weitere lokale Sorten.

Um den Geschmack des Apfelweins zu variieren, werden ihm traditionell auch andere Früchte wie etwa Speierling, Mispeln, Ebereschen, Quitten oder Schlehen zugesetzt.

Der **Speierling** gehört zur Familie der Rosengewächse und hat einen hohen Gerbstoffgehalt. Dadurch wird der Apfelwein recht klar und länger haltbar. Die Zugabe von Mispeln sorgt für eine herzhafte Note. Durch Ebereschen erhält der Apfelwein ein leicht säuerliches, kräftiges Aroma. Auch die feinduftenden Quitten sind ein beliebter Apfelweinzusatz. Durch sie bekommt das Stöffche ein ganz eigenes, vollfruchtiges Aroma. Schlehen sorgen mit ihren Tanninen und Gerbstoffen für einen fruchtig-frischen Geschmack. Wohl bekomms!

Kontakt: Dr. Höhl's GmbH & Co. KG · Am Weides 55 · 63477 Maintal
Tel: (06181) 4988919 · www.the-pomp.com

Dr. Johanna Höhl-Seibel: Gesicht des Apfelweins

Sie ist das sehr sympathische Gesicht des Apfelweins, Dr. Johanna Höhl-Seibel, die „Apfelwein-Königin der Herzen". Sie stammt aus einer Apfelwein-Dynastie, zu der die Landkelterei Höhl gehört, die sich seit 1779 in Familienbesitz befand. 2008 das Ende der Tradition: Johanna Höhl, Kelterei-Chefin in achter Generation, fusionierte ihr Unternehmen mit der Kelterei Rapp's: „Das war sehr schmerzlich", sagt sie. Dennoch sei Rapp's eine gute Wahl gewesen, denn „dort werden die starken Marken der Kelterei Höhl mit viel Sorgfalt und Know-how weiter gepflegt und ausgebaut". Anstatt sich nun ins Private zurückzuziehen und ihre Freiheit zu genießen, gründet die promovierte Betriebswirtin 2014 mit der „Dr. Höhl's GmbH & Co. KG" ein neues Unternehmen, in dem sich alles um „Pomp", einer Cuvée aus Rheingauer Rieslingsekt und Apfelwein, und den Apfelessig „Bio-Ess" dreht. Gleichzeitig setzt sie damit die Familientradition fort, denn Sohn Johannes und Tochter Anna sind ebenfalls mit an Bord, und das Rezept für den „BioEss" geht auf Höhls Vater Rudolf zurück.

Wellness und Lifestyle statt einfachem Apfelwein – hat der denn keine Zukunft mehr? „Aber nein! Wellness und Lifestyle sind doch gerade die Aktionsfelder, auf denen der ‚Ebbelwei' punktet!", stellt Höhl klar, „er ist Natur pur, hat wenig Kalorien, ist also ein durchaus akzeptabler Alkohol im Rahmen eines gesundheitsbewussten Ernährungsplans." Gleichzeitig verkörpere er die Attribute Heimat, Tradition und natürlicher Lebensstil. „Damit liegt er voll im Trend", findet Johanna Höhl. Was die Familienbande für die Zukunft plant, will sie nicht verraten, nur so viel: „In den 238 Jahren Familientradition ist sehr viel Gutes aus dem Apfel entstanden: Edles und Wohltuendes – in diese Richtung geht es weiter."

Kontakt: Zum Gemalten Haus · Schweizer Straße 67 · 60594 Frankfurt
Tel.: (069) 614559 · www.zumgemaltenhaus.de

Edgar Weng: Am Tisch sind alle gleich

Weitläufige Fresken schmücken die Wände. Sie zeigen Szenen aus dem Sachsenhäuser Leben und Landschaften der Frankfurter Umgebung bis nach Rheinhessen hin. Vorder- und Rückseite des Hauses in der Schweizer Straße 67 sind ebenfalls bunt verziert. Das Gemalte Haus in Frankfurt-Sachsenhausen ist die berufliche Heimat von Edgar Weng. Der 63-Jährige ist Ebbelwoi-Kellner. Und das bereits seit 35 Jahren. „Wir sind dafür verantwortlich, dass am Tisch alles läuft. Hierfür braucht man gute Nerven, immer einen lockeren Spruch auf den Lippen und muss den Kontakt zu den Menschen mögen", fasst der gebürtige Allgäuer die charakterlichen Grundvoraussetzungen für seine Tätigkeit zusammen, während er im weißen Dienstjackett, in dem Kugelschreiber und Block problemlos Platz finden, die Tische für die Gäste vorbereitet und den Senf auffüllt. Hartnäckig hält sich das Gerücht, dass die Kellner in einer Ebbelwoiwirtschaft ihre Herzlichkeit nicht auf Anhieb zeigen und sich zunächst stoffelig geben. Ein Vorurteil. Wenn der Charme gelegentlich auch etwas ruppig wirkt, so will der Apfelweinkellner doch nur ihr Bestes. „Manchmal ist der ein oder andere etwas knorzig, aber das ist keineswegs böse gemeint. Wir möchten, dass sich die Gäste entspannen und den Besuch genießen", erklärt Edgar Weng und betont die integrative Wirkung von Apfelwein: „Wo kommen schon so viele unterschiedliche Menschen zusammen, wie beim Ebbelwoi in einer traditionellen Apfelweinwirtschaft?" Selbst wenn man zu zweit losgeht, muss man hier zum „Schoppe petze" an langen gemütlichen Tischen zusammensitzen. Und schon nach kurzer Zeit befindet man sich mit den fremden Tischnachbarn im angeregten Gespräch. Edgar Weng freuts: „Je bunter, desto besser, ganz nach dem Motto: Beim Ebbelwoi da biste Mensch, da kannst es sei."

Kontakt: Kelterei Dölp · Otzbergstraße 16 · 64395 Brensbach
Tel. (06161) 413 · www.kelterei-doelp.de

KELTEREI DÖLP: NAH AM APFEL

„Grundbasis unserer Arbeit ist der Apfel, darum dreht sich alles", sagt Stefan Lampert, der gemeinsam mit Matthias Dölp die Geschicke der Kelterei Dölp führt. Seit 1875 ist das Familienunternehmen aus Brenbach im Odenwald nah am Apfel. Damals betreibt der gelernte Küfer und Brauer Johannes Dölp eine Gastwirtschaft. Im Alter von 27 Jahren erweitert er den Betrieb um eine eigene Brauerei, Küferei und Brennerei. Von nun an bewirtet er seine Gäste mit Selbstgebrautem und Selbstgebranntem. 1919 beginnt sein Sohn Leonhard umgehend mit dem Wiederaufbau des durch den Krieg danieder liegenden Betriebs. Aus der Brauerei wird eine Kelterei. „Heute wird die Kelterei in fünfter Generation geführt. Damit sind wir einer der ältesten hessischen Keltereien", so der 42-jährige Stefan Lampert. Vom klassischen Schoppe für Wohnzimmer und Gaststuben, Apfelwein rosé und Cidre für besondere Anlässe oder Schoppe Schorsch und Mixgetränken – die Apfelpresse auf dem Firmengelände verarbeitet in der Saison bis zu 10 Tonnen Äpfel pro Stunde. Jährlich gehen rund zwei Millionen Liter an die Kunden. Sieben qualifizierte Mitarbeiter sorgen für eine gleichbleibend hohe Qualität der Erzeugnisse. „Nur mit unserer Tradition allein können wir allerdings nicht bestehen, wir haben eine offene Atmosphäre, vor allem auch was Innovationen angeht. Zudem kommen uns unsere kurzen Entscheidungswege zugute, dadurch können wir rasch auf die veränderten Anforderungen der Märkte reagieren." Dieser unterläge einem starken Differenzierungsprozess, die Geschmacksbefindlichkeiten der Kunden hätten sich merklich geändert. „Deshalb haben wir unser Sortiment vergrößert. Am Apfel wollen wir auch weiterhin so innovativ wie möglich bleiben. Es müssen jedoch stets Produkte sein, mit denen wir uns identifizieren können", unterstreicht Stefan Lampert.

Volker Thoma: Die Stöffchen-Ehe

„Wir sind am Ursprung des Apfels beheimatet. Wir sitzen mittendrin in der Obst- und Gemüsekammer Hessens", erklärt Volker Thoma. Der 57-Jährige ist Geschäftsführer der Kelterei Rapp's, die in Karben ihren Hauptsitz hat und heute als Hessens größter Fruchtsaft-Hersteller und ein bedeutender Anbieter von zahlreichen Apfelwein-Spezialitäten gilt. „Alles hat bei uns mit Apfelsaft angefangen. Im Laufe der Zeit haben wir dann diversifiziert", so der gelernte Kaufmann. Inzwischen umfasst das Rapp's-Produktsortiment über 30 Sorten Fruchtsäfte, vier Apfelweine – auch einen alkoholfreien - und einige Saisonartikel wie etwa Punsch oder Glühwein. „Für den Apfelwein verwenden wir säurereiche Äpfel. Unsere Produkte überzeugen durch Geschmack und Qualität. Eine wichtige Voraussetzung dafür, dass wir stets hochwertige Produkte anbieten, sind unsere Kellermeister. Sie begleiten und prüfen kontinuierlich jede einzelne Stufe im Herstellungsprozess", sagt Volker Thoma. Seit 1997 gehört die 1928 gegründete Kelterei Rapp's zur Bad Vilbeler Hassia-Gruppe. Zehn Jahre später übernahm Rapp's die Kelterei Höhl aus Maintal-Hochstadt. Der Klassiker aus Deutschlands ältester Kelterei (Gründung 1779) ist zweifellos „Der alte Hochstädter Speyerling". Der „Blaue Bock" als deutschlandweit bekannte Apfelweinmarke stammt ebenfalls aus dem Hause Höhl. „Rapp's und Höhl bieten Geschmack und Qualität mit langer Tradition", so Volker Thoma, zusätzlich Geschäftsführer der Kelterei Höhl. Und dennoch: „Das lange Bestehen der beiden Keltereien bedeutet nicht, dass sie altmodisch sind. Wir möchten Tradition und Zeitgeist verbinden. Deshalb bieten wir neben unseren Klassikern auch moderne Varianten, wie den Rapp's alkoholfreien Apfelwein oder den alten Hochstädter Rosé an."

Vom Baum ins Glas: Die Apfelweinherstellung

Die Apfelweinkultur macht seit eh und je einen großen Teil des Lebensgefühls der Region aus. Doch wie wird das hessische Nationalgetränk eigentlich hergestellt?

Was im Frühjahr in weißer und zartrosa Blüte an den Bäumen unser Auge erfreut, sind die Vorboten für die glänzenden, rot-grünen Früchte im Herbst. Allerdings eignet sich nicht jeder beliebige Apfel zum Keltern von Apfelwein. Es kommt auf seine inneren Werte an: urwüchsige Aromen, den nötigen Säure- und Fruchtzuckergehalt und festes Fruchtfleisch. Grundsätzlich werden verschiedene Apfelsorten, die sich in Geschmack und Gehalt optimal ergänzen, miteinander gemischt. Bevorzugtes Mostobst sind die säurehaltigen, älteren Sorten aus dem Streuobstanbau. Dazu gehören z. B. Boskoop, Wintergoldparmäne, Gravensteiner, Kläräpfel, Kaiser Wilhelm, Luiken, Schafsnase und Bittenfelder.

Im September und Oktober dann beginnt eine der wichtigsten Jahreszeiten in Hessen: die Ernte- und Keltersaison. Die Früchte wollen gesammelt und in die Kelterei gebracht werden, wo nun absoluter Hochbetrieb herrscht. Die reifen und einwandfreien Äpfel wandern nach der Waschanlage/nach dem Wasserbad über die Transportschnecke in die Apfelmühle und werden zu grobkörniger Maische

zermahlen. Diese fließt in vollautomatische Pressen, aus denen der frisch gekelterte Most schäumend herausläuft. Ungefiltert in Flaschen gefüllt heißt dieser frische Apfelmost „Süßer" und hat mindestens 45 Grad Öchsle Mostgewicht. Der Hauptanteil in den Keltereien fließt jedoch direkt in große Edelstahltanks, um hier zum Stöffche zu reifen. Während des etwa vierwöchigen Gärprozesses, bei dem der im Apfel enthaltene Fruchtzucker von der fruchteigenen oder der hinzugegebenen Hefe in Alkohol und Kohlensäure umgewandelt wird, verändert sich der Most ständig. Nach ein bis zwei Wochen entsteht zunächst der sogenannte „Rauscher".

Jetzt wird der angehende Apfelwein immer klarer. Nach der Hauptgärung setzt sich die Hefe am Tankboden ab und der darüber stehende trübe Apfelwein wird abgestochen, d.h. vom Bodensatz getrennt. Anschließend folgt der Ausbau und damit die sensible Aufgabe für die Kellermeister, über die Dauer dieser Phase zu entscheiden. Dabei müssen sie mit großer Sorgfalt mikrobiologische Veränderungen und Unstimmigkeiten sofort erkennen und vermeiden. Anschließend wird das „Stöffche" entweder als „Naturtrüber" direkt abgefüllt oder erst von allen Heferesten und Trübstoffen befreit und dann rein und klar in die Flaschen gefüllt.

Die Hessen lieben ihr Kultgetränk. Und dennoch: Mit neuen trendigen Produkten gewinnen die Keltereien seit einigen Jahren weitere Zielgruppen für sich. Angesagt sind Apfelweinmixgetränke (Apfelwein mit Cola oder Johannisbeere, Cider, Maracuja etc.) in praktischen Gebinden, wie zum Beispiel edlen Longneck-Flaschen, Dosen in kultigem Fan-Design oder Partyfässern. Feinschmecker werden mit Premium- und Gourmet-Kreationen verwöhnt, wie beispielsweise sortenreinem Apfelwein oder Jahrgangs-Apfel-Secco. Die stetig steigende Anzahl neuer Produkte wie die Apfelwein-Mixgetränke oder alkoholfreier Apfelwein entwickeln sich für die Keltereien erfreulich. Mixgetränke machen inzwischen rund fünf bis zehn Prozent vom Absatz aus, Tendenz steigend. Dabei gewinnen die Kelterer auch weit außerhalb Hessens immer neue Fans. Diesen Weg zwischen Tradition, Innovationen und Natur möchten die Kelterer auch in Zukunft weitergehen. „Kreativität, ein Gespür für Trends und die Liebe zum Stöffche treiben unsere Kelterer immer wieder aufs Neue dazu an, ihre Angebotsvielfalt zu erweitern", erklärt Martin Heil, Vorstandsvorsitzender der Hessischen Apfelwein- und Fruchtsaft-Keltereien e.V.

Anhaltspunkte für einen guten Apfelwein:
Es muss fruchtig schmecken und darf nur wenig Säure und Gerbstoffe enthalten. Hat das Obstgetränk nicht das typisch fruchtige Apfelaroma, sondern zeichnet sich durch einen Essigstich, eine Schwefelnote oder einen intensiven Hefeton aus, dann sollte man es lieber stehen lassen. Ein weiteres Qualitätskriterium für einen guten „Ebbelwei" ist eine helle bis goldgelbe Farbe.

Kontakt: Café Weidenweber · Große Friedberger Str. 10
60313 Frankfurt · Tel.: (069) 284538 · www.weidenweber.de

Thomas Weidenweber: Der Retter des Haddekuche

Vor einigen Jahren sah es düster aus für den „Haddekuche", jene harte (Nomen est Omen), nach winterlichen Gewürzen schmeckende Knabberei in Rautenform mit dem typischen Rippenmuster, die man üblicherweise in der Apfelweinkneipe beim Brezelbub kauft und dann genüsslich beim Schoppe knuspert. „Damals gab der ‚Brezel Funk' sein Geschäft auf und das Traditionsgebäck drohte in Vergessenheit zu geraten, weil niemand das Rezept kannte und der Bäcker Funk es niemandem verraten wollte", erinnert sich Thomas Weidenweber, der gemeinsam mit seinem Bruder Christoph die Geschäfte der gleichnamigen Frankfurter Bäckerei-Konditorei führt. Zum Glück ließen sich die beiden gelernten Konditormeister davon nicht abschrecken. Und weil man im Hause Weidenweber seit jeher eine Menge auf Traditionen gibt – der Familienbetrieb existiert seit 1934 – experimentierten die beiden Brüder so lange, bis sie mit ihrem Haddekuche-Ergebnis zufrieden waren. „Diese typische Frankfurter Spezialität gehört zum Apfelwein wie der Handkäs oder das Rippchen", sagt Thomas Weidenweber. Übrigens gibt es noch eine Menge anderer essbarer Frankofurtensien im Angebot des Café Weidenweber, die man sonst vergeblich sucht: schöne krosse Wasserweck etwa oder Bethmännchen. Und natürlich auch den Frankfurter Kranz. Der geht übrigens auf ein Rezept aus dem Jahr 1753 zurück und ist eine Reminiszenz an Frankfurt als Krönungsstadt – seine runde Form, die golden schimmernde Hülle aus Haselnusskrokant und die glänzenden roten Kirschen erinnern zweifelsohne an eine Krone. Ja, im Hause Weidenweber werden Traditionen hochgehalten, schließlich war man der erste Frankfurter Zeil-Bäcker und ist dies bis heute.

Kontakt: Kelterei Heil · An den Obstwiesen 2 · 35789 Weilmünster-
Laubuseschbach · Tel. (06475) 91310 · www.kelterei-heil.de

MARTIN HEIL: INNOVATIVE BRÜDER

Am Anfang war die Ziege. „Unser Großvater besaß eine eigene Gast-wirtschaft, hatte nach dem Krieg 1946 jedoch keinerlei Getränke. Kur-zerhand tauschte er eine Ziege gegen eine Apfelpresse. Das ist prak-tisch der Ursprung unserer Firma", erzählt Martin Heil. Rasant hat sich das Familienunternehmen seitdem entwickelt. Während die Eltern der beiden geschäftsführenden Brüder Martin und Christof Heil mit einem Apfelwein und Apfelsaft weitermachten, ist das Angebot bis heute deutlich angewachsen. „Inzwischen bieten wir weit über 100 Produkte an", so Martin Heil. Der 49-Jährige betreut als Diplom-Be-triebswirt alle Belange rund um Organisation, Management, Marke-ting und Werbung. Christof ist als Fruchtsaftmeister und Diplom-Ge-tränketechnologe für die technischen und geschmacklichen Aspekte verantwortlich. Beide ergänzen sich gut. „Apfelwein ist einfach unser Ding. Wir verstehen jeweils auch etwas von der Arbeit des anderen und pflegen einen regen Austausch", sagt Martin Heil, der auch den Vorsitz des Verbandes Hessischer Apfelwein- und Fruchtsaft-Kelte-reien innehat. Der Betrieb im alten Ortskern wurde im Laufe der Jahre zu klein. So wurde 2001 auf dem Berg am Stadtrand eine neue Kelte-rei in Betrieb genommen. In großen Behältern bis zu 100.000 Litern lagern hier Fruchtsäfte und Apfelweine. Zum Tanklager gehört ein Labor, in dem die Ein- und Ausgänge kontrolliert werden. Bis zu 12.000 Flaschen werden hier vor Ort in einer Stunde abgefüllt. Keines-wegs nur das traditionelle „Stöffche". „Neue Sorten des Apfelweins haben zugelegt und sind wichtiger geworden. Vor allem unser Cooper's Cider ist bundesweit sehr gefragt. Hier waren wir wie beim Alkoholfreien einer der ersten", berichtet Martin Heil. Pionier möchte man auch weiterhin sein. „Wir müssen stets neugierig bleiben und uns immer weiterentwickeln, um das hessische Kultgetränk einer im-mer größer werdenden Zielgruppe schmackhaft zu machen."

Die hessische Apfelweinstraße:

Von Schoppe zu Schoppe die Region entdecken

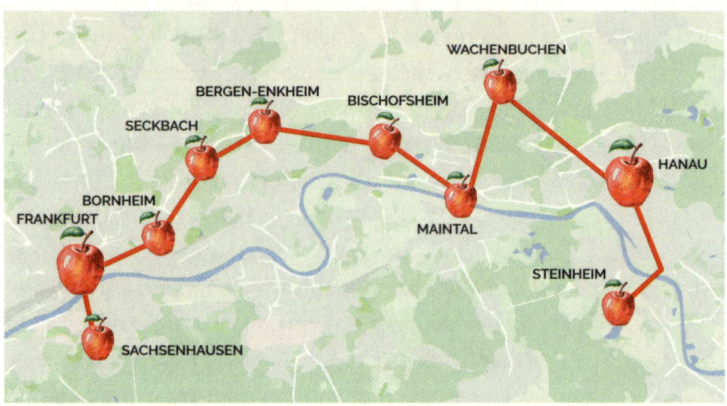

Das kleine Hinweisschild ist nicht zu übersehen und gibt jedem das gute Gefühl, auf der richtigen Fährte zu sein, auf den Spuren des hessischen Urgetränks. Die Hessische Apfelweinstraße ist ein Wanderweg: Vorbei an Fachwerk-Dörfern, einladenden „Wertschafte" oder idyllischen Pfaden entlang der Streuobstwiesen, den traditionellen Anbaugebieten für die Apfelwein-Äpfel, kann man dem nachhaltigen Rohstoff für das geliebte „Stöffche" von Hanau-Steinheim aus über die Gemeinden Maintal, Hochstadt, Bischofsheim bis in die Frankfurter Stadtteile etwa 40 Kilometer weit folgen.

1972 gründeten der Verkehrsverein Bergen-Enkheim und die Touristik-Referate der Städte Frankfurt, Hanau und Maintal die Arbeitsgemeinschaft der hessischen Apfelweinstraße e.V.

„Traditionen geraten oft in Vergessenheit. Man muss das Thema Apfelwein deshalb immer wieder unter die Menschen bringen und betonen, dass er zu unserer Kultur gehört. Ziel des Vereins ist es, die Region in ganz Deutschland bekannt zu machen, die ‚Ebbelwoikultur' zu erhalten, sie zu pflegen und sie auch den jüngeren Menschen näherzubringen", erläutert Ralf Meik, 1. Vorsitzender des Vereins, und schwärmt: „Die Apfelweinstraße bietet tiefe Eindrücke für alle Sinne – ein echtes Naturerlebnis." Der Besuch der Route lohne sich immer. „Zu jeder Jahreszeit ist hier eine andere Stimmung", weiß Ralf Meik. Ein Spaziergang durch Sachsenhausen, Bornheim oder Seckbach, wandernd die Streuobstwiesen entdecken – die hessische Apfelweinstraße präsentiert sich dabei immer modern, unverfälscht und natürlich. Die erfahrbaren Eindrücke sind facettenreich. Überall kann man währenddessen oder hinterher in einer der zahlreichen am Wegesrand vertretenen traditionellen Apfelweinkneipen einkehren, die als Mitgliedsbetriebe der hessischen Apfelweinstraße mit einem Schoppen und typischen Spezialitäten der Region aufwarten.

Die Spuren des Apfelweins lassen sich auch entlang der hessischen Apfelwein- und Obstwiesenroute entdecken. Mit dem Rad oder per pedes passieren Naturfreunde entlang des weitläufigen Wegenetzes von über 1.000 Kilometern Streuobstwiesen, Lehrgärten und Lehrpfade sowie Keltereien, Gaststätten und Direktvermarkter. Partner der insgesamt sechs Regionalschleifen sind Keltereien, Museen, gastronomische und Handwerksbetriebe, Städte und Gemeinden, die ihr Engagement und ihre Sehenswürdigkeiten zu einer Route verbunden haben. Die Idee: Erholung, Naturschutz und die Förderung der regionalen Wirtschaft miteinander zu verbinden. Die einzelnen Teilrouten können überall begonnen werden. Die Wege sind mit einem Logo, dem roten Apfel im grünen Pfeil, gekennzeichnet.

Kontakt: Kelterei Stier GmbH · Apfelwein-Spezialitäten · Am Kreuzstein 25 · 63477 Maint
Tel.: (06109) 65099 · www.kelterei-stier.de · www.apfelwein-centrum-hessen.de

JÖRG STIER: DER APFELWEIN-BOTSCHAFTER

„Ach!", entfährt es Jörg Stier, angesprochen darauf, warum es denn um Himmelswillen in Frankfurt kein Apfelweinmuseum mehr gibt. „Ach, das ist eine lange Geschichte." Sie hängt zusammen mit dem Abriss und Neubau des Historischen Museums, wo einst die Apfelweinwirtschaft „Historix" mit ihrer umfangreichen Sammlung historischer Bembel, Gläser und Darstellungen beheimatet war. „Aber ein richtiges Museum war das streng genommen nicht." Bis heute gibt es vonseiten der Stadt wenig bis keine Bestrebungen, ein eigenes Museum für das Stöffche einzurichten, „dabei ist der Apfelwein für unsere Region identitätsstiftend!" Doch es fehle das Geld. Und der Wille. „Oder beides", seufzt Jörg Stier. Und so hat er sich kurzerhand dazu entschlossen, in seinem „Main Genuss Laden" am Hanauer Heumarkt ein Minimuseum einzurichten, in dem das größte Gerippte der Welt und der größte Bembel der Welt ausgestellt sind. Letzterer wurde natürlich von Monika Maurer aus der Sachsenhäuser Töpferei bemalt. Dazu kann man jede Menge historischer Bembel, „Deckelcher" und Apfelweingläser betrachten, die unter anderem aus Stiers privater Sammlung stammen. Denn der hat sein Leben buchstäblich dem Apfelwein verschrieben. In der gleichnamigen Kelterei in Maintal-Bischofsheim stellen die Stiers 40 Sorten Apfelwein her. Seit fünf Jahren sind die Söhne Marco und Laurin dabei federführend, der Vater steht bei Bedarf mit Rat und Tat zur Seite. Hauptsächlich widmet er sich nämlich mit wahrer Freude seinem neuen Laden in Hanau und vor allem seiner eigentlichen Passion, die Kultur des Apfelweins zu verbreiten. Dafür hält Jörg Stier Vorträge, gibt Seminare und schreibt Bücher. Seit 2010 ist er auch der Vorsitzende des Vereins Apfelwein Centrum Hessen, kurz „ACH!". Ach…!

Weitere Informationen auf www.ebbelwei-express.de

Der Ebbelwei-Expreß: Eine Stadtrundfahrt der besonderen Art

Bunte Frankfurter Motive wie Johann Wolfgang von Goethe, der Römer, der Eiserne Steg und lächelnde Bembel grüßen von außen, während drinnen unter blauem Himmel mit gelben Sternen hessische Traditionsmusik aus den Lautsprechern rieselt. Seit 1977 fahren die Wagen des urigen Ebbelwei-Expreß durch die Gassen Frankfurts und sorgen allenthalben für strahlende Gesichter. „Der Ebbelwei-Expreß ist die gemütliche und traditionelle Art die Stadt kennenzulernen", sagt Stefan Gültzow. Der Student arbeitet seit zehn Jahren als Schaffner in dem robusten Oldtimer. Den Wagen vorbereiten, Karten verkaufen, Getränke und Brezeln ausgeben sowie, sofern gewünscht, kurze Geschichten zu den einzelnen Sehenswürdigkeiten erzählen – Stefan Gültzow ist mit großer Leidenschaft bei der Arbeit und schwärmt: „Es ist ein Privileg, hier zu arbeiten. Die traditionelle Atmosphäre in dieser historischen Straßenbahn, diese Patina mit dem alten Holzboden gepaart mit dem angenehmen Geruch, der an eine Ebbelwei-Wirtschaft erinnert, machen im Zusammenspiel mit seiner Farbenfreude jede Fahrt zu einem Erlebnis." Ein Spaß, der ankommt. Ursprünglich sollte die Sonderlinie nur kurz verkehren. 1977 wurde sie anlässlich der bevorstehenden Abstellung der letzten zweiachsigen Straßenbahnen ins Leben gerufen. Die damaligen Stadtwerke Frankfurt beauftragten das Künstlerpaar CM und Estine Estenfelder mit der Außen- und Innengestaltung nach dem Prinzip einer „fahrenden Apfelweinkneipe". Dank des enormen Erfolgs blieb die beliebte Straßenbahn bestehen. Heute passiert der legendäre Ebbelwei-Expreß an 23 Haltestellen zahlreiche Frankfurter Sehenswürdigkeiten. „Frankfurt ist stets im Wandel. Im Ebbelwei-Expreß hat man den besten Blick drauf", zeigt sich Stefan Gültzow begeistert.

EBBELWOI UND WIRTSCHAFT

Wo der Bembel auf den Tisch kommt, läuft die Wirtschaft. So oder so ähnlich könnte man es ausdrücken. Zumindest in Hessen, und da im speziellen im Rhein-Main-Gebiet, ist das so: Nach Angaben des Verbands der Hessischen Apfelwein- und Fruchtsaft-Keltereien e.V. werden in Hessen jährlich rund 40 Millionen Liter Apfelwein produziert. Enthalten sind die Zahlen des Verbandes, der selbstkelternden Wirte und Direktvermarkter und der zahlreichen hessischen Obst- und Gartenbauvereine. Auf Grundlage dieser Zahlen schätzt der Verband, dass jeder Hesse rund 6,6 Liter Apfelwein pro Jahr trinkt. Im Rhein-Main-Gebiet kommt man sogar auf stolze 12 Liter, und im bundesdeutschen Durchschnitt sind es immerhin noch 0,6 Liter pro Kopf!

Die Mainmetropole und der Ebbelwoi, sie gehören zusammen wie Rippchen mit Kraut oder Handkäs mit Musik. Doch das war nicht immer so. Bis zum Mittelalter waren Frankfurt und das Rhein-Main-Gebiet dank des einigermaßen milden Klimas von Weinbergen umgeben. Angeblich lagerte in den Kellern der Stadt mehr Wein, als dass Wasser aus ihren Brunnen floss. Sogar auf dem Sachsenhäuser Berg wurde Wein angebaut. Am sonnenverwöhnten Lohrberg in Seckbach, dem östlichsten Ausläufer des Rheingaus, wird diese Tradition auch heutzutage gepflegt, und der Weinanbau kann dort bis ins 9. Jahrhundert belegt werden. Hier ernten die Winzer vom Weingut der Stadt Frankfurt noch immer die Trauben für den Riesling „Frankfurt Lohrberger Hang", von dem jedes Jahr gut 10.000 Flaschen abgefüllt werden.

Der Weinanbau in und um Frankfurt erfuhr mit dem Einsetzen der sogenannten „Kleinen Eiszeit" im 15. bis 19. Jahrhundert ein jähes

Ende: Die empfindlichen Weinreben vertrugen die Kälte nicht, und zu allem Übel wurden die verbliebenen Weinstöcke auch noch durch die von der aus Amerika eingeschleppten Reblaus befallen – was für den regionalen Weinanbau erst einmal das Ende bedeutete. 1501 verbot der Große Rat der Stadt Frankfurt die Neuanlage von Weinbergen. Die Frankfurter hatten ihre ganz eigene Methode, mit dem Problem umzugehen: Pragmatisch wie sie seit jeher sind, verlegten sie sich auf den Anbau der robusteren Apfelbäume und kelterten fortan Apfelwein. Die „saure Brieh" galt damals jedoch als minderwertiges Getränk der armen Leute, die besser Gestellten leisteten sich den als edel geltenden Traubenwein. Dennoch setzte sich das Stöffche immer mehr durch: Per Ratsverordnung wurde im Jahr 1638 die Grundlage für die strengen Reinhaltungsbestimmungen gelegt, an die sich die Apfelweinproduzenten bis heute halten müssen.

Zunächst wurde der Apfelwein für den Privatgebrauch gekeltert, 1754 wurde die erste Schankerlaubnis erteilt und der Ebbelwei entsprechend besteuert. Wirte, die Apfelwein anbieten wollten, mussten zudem einen Fichtenkranz mit einem Apfel in der Mitte aushängen. „Wo's Kränzche hängt, wird ausgeschenkt!" – dieses Wahrzeichen der Apfelweinkultur hat sich bis heute gehalten. Allerdings hängt nun meist statt des Apfels ein Bembel in der Mitte des „Fichtekränzi".

Mitte des 19. Jahrhunderts gab es in und um Frankfurt praktisch keine Weinreben mehr, dafür aber zwölf Großkeltereien sowie unzählige kleinere Betriebe und selbstkelternde Apfelweinwirte. Das „Stöffche" wurde zum Nationalgetränk der Hessen und Frankfurt gilt seitdem als die Hauptstadt des Apfelweins. Auch deshalb, weil die Dichte der Produzenten, der Lokale und Apfelweintrinker hier hoch war und noch immer ist. Den vorläufigen Höhepunkt seiner Bekanntheit erreichte der „Göddertrobbe" dank der Fernsehsendung „Zum Blauen Bock" – zunächst mit Otto Höpfner, dann mit Lia Wöhr und Heinz Schenk, die den Apfelwein und die hessische Lebensart zwischen 1957 bis 1987 in gut 200 Sendungen deutschlandweit populär machten.

Dann der große Einbruch: Mitte der 1990er Jahre verlor der Apfelwein rapide an Beliebtheit: Zwischen 1995 und 2004 ging der Apfelweinkonsum in Hessen pro Kopf um drei Liter zurück. Eine Stu-

die der Uni Gießen im Auftrag der Hessischen Apfelwein- und Fruchtsaft-Keltereien und der Marketinggesellschaft MGH GUTES AUS HESSEN GmbH erforschte die Ursachen: Die Befragten tranken vermehrt kalorienarme und alkoholfreie Getränke, oder, falls doch Alkohol, dann Bier oder Weine aus der Mittelmeerregion, die in der Zwischenzeit immer günstiger geworden waren. Das „Radler" und das Weizenbier lösten den Apfelwein als sommerliches, mehr oder weniger alkoholarmes Erfrischungsgetränk ab, und den jüngeren Hessen war der Apfelwein einfach zu spießig. Ein neues Image musste her. Bekanntlich macht Not erfinderisch: Junge Kelterer und eine neue Generation von Obstbauern sorgten für einen Paradigmenwechsel. Sie kreierten sortenreine und Streuobst-Apfelweine, die teils aus vornehmen Bordeauxflaschen mit echtem Korken, statt aus der braunen Verbandsflasche mit dem Aluschraubverschluss ausgeschenkt wurden. Sie verfeinerten regionale Spezialitäten, erzeugten vermehrt handwerklich und ökologisch und vermarkteten ihre Apfelweine als hochwertige Produkte zu deutlich höheren Preisen, als dies für das „gemeine" Stöffche zuvor üblich und auch denkbar war. Wieder andere versuchten sich mit Erfolg in apfelweinhaltigen Mixgetränken, die auch und vor allem auf die Jugend abzielten – und hatten ebenfalls Erfolg.

Mit Verve hat das Stöffche sich seinen Markt zurückerobert - als eleganter Schaum- oder Perlwein, als sortenreines Geschmackserlebnis, in lässigen Langhalsflaschen oder coolen Dosen mit frechem Logo, pur, gemischt mit Rieslingsekt, als Rosé mit Cassis-Saft, mit Limo oder Trend-Zusätzen wie Grapefruit oder Holunderblütensirup, und ist auf dem besten Weg, ähnlich dem „Craft Beer", ein neues Kultgetränk zu werden. Im Ausland, etwa in Polen, Skandinavien, in Frankreich, den USA oder Kanada kann man übrigens bereits einen Apfelwein-Boom erleben. Dort wird

der „Cider" als In-Drink zelebriert. Die immer größer werdende Beliebtheit des Stöffche lässt sich auch wunderbar bei dem jährlich stattfindenden Welt-Apfelwein-Tag oder dem Apfelweinfestival des Hessischen Verbands der Apfelwein- und Fruchtsaft-Keltereien e. V. beobachten. Auch die internationale Frankfurter Apfelweinmesse des Apfelwein-Revolutionärs Michael Stöckl wächst ständig: War die erste Veranstaltung noch klein und von vielen belächelt, kamen im vergangenen Jahr über 2.000 Besucher und Aussteller aus 16 Ländern, um die Bandbreite des Apfelweins zu zeigen und zu wertschätzen. Bei der neuen Lust auf Apfelwein vonseiten der Konsumenten spielt auch deren „Wiederentdeckung der Region" den Apfelweinproduzenten in die Hände: Die Herkunft der Lebensmittel scheint inzwischen wichtiger zu sein als die Vielfalt der angebotenen Waren. „Warum in die Ferne schweifen, wenn das Gute liegt so nah?", empfahl schon Goethe. Das Wissen um kurze Lieferwege, Frische und die Förderung lokaler Erzeuger sind dabei wohl die wichtigsten Aspekte. „Support your local dealer", so der Slogan der Bewegung – auch zugunsten des Klimas, denn wer saisonale Lebensmittel aus der Region kauft, bekommt nicht nur besondere Frische und Geschmack, sondern unterstützt die lokalen Produzenten und tut zugleich etwas für den Umweltschutz.

Was wäre aber ein Text über die Geschichte des Apfelweins ohne eine Anekdote zu Karl dem Großen und dem Gedicht Adolph Stoltzes, Sohn des Frankfurter Nationaldichters Friedrich, das früher Generationen von Frankfurter Grundschülern auswendig lernten. Die wussten, dass es der Frankenkönig selbst war, der nicht nur unsere schöne Stadt am Main gründete, sondern selbstverständlich auch den Apfelwein erfand – wenn auch aus Versehen…

Kaiser Karl erfindet den Apfelwein

„Den Reichsappel in de Hand
floh Kaiser Karl zum Mainesstrand.
Un hat, da er sehr abgehetzt,
sich uff den Appel da gesetzt.
Nadierlich aanzig aus Verseh,
denn so e Sitz is grad net schee.
Uff aamal awwer spiert er was
un greift danach un is ganz nass
un luscht dann draa: Uy! Schmeckt des fei
un kreischt dann: „Des is Eppelwei!
Gottlob, jetzt hat der Dorscht e End,
gleich morje nemm ich e Patent!"

Ein wahrer Kern steckt natürlich auch in dieser Geschichte, denn tatsächlich verordnete Karl der Große in seiner Anweisung „Capitulare de villis" aus dem Jahr 800, dass Obst in sogenannten „Pomarien" angebaut werden solle und dass „jeder Ritter unter seinem Personal tüchtige Meister haben solle, namentlich Schmiede für Eisen, Silber und Gold und solche Leute, die berauschende Getränke bereiten können, sei es Bier, Birnen- oder Apfelwein." So kann man mit Fug und Recht behaupten, dass sich Karl der Große erstmalig um eine sachgemäße Herstellung des Apfelweins bemühte und die Herstellung von Apfelwein eindeutig empfahl.

Kontakt: Kelterei Possmann GmbH & Co. KG · Eschborner Landstr. 156 - 162
60489 Frankfurt · Tel.: (069) 7899040 · www.possmann.de

Peter Possmann: Der Traditionsbewusste

„Das Beste, was ein Apfel werden kann" – das ist im Hause Possmann so Einiges. Seit dem Jahr 1881 versteht man sich hier auf die Produktion von Apfelwein. Wobei der in der Familienkelterei seit jeher „Äpfelwein" heißt, schließlich braucht man mehr als einen Apfel, damit das gute Stöffche entsteht. „Wir sind stolz darauf, Hessens größter Apfelverarbeiter zu sein", sagt Peter Possmann. Jedes Jahr werden auf dem Rödelheimer Gelände gut 10.000 Tonnen Äpfel gepresst, dieses Jahr waren es sogar 12.000. Eine stolze Zahl, dem 135-jährigen Firmenjubiläum angemessen. Possmann führt durch seinen beeindruckenden Sandsteinkeller, in dem es so besonders nach Apfel, Feuchtigkeit und Hefe riecht. In riesigen Stahltanks – darunter auch die drei berühmten U-Boot-Druckkammern aus dem Zweiten Weltkrieg – lagern Tausende Liter Apfelsaft und -wein in unterschiedlichen Gärstadien und warten auf ihre Weiterverarbeitung zu „Frankfurter Äpfelwein", dem Hauptprodukt der Kelterei, und den verschiedenen Varianten. Sogar einen Apfelschaumwein gibt es, und für die Jüngeren Mix-Getränke. Ist das kein Frevel? Der Kelterei-Chef lacht: „So lange der größte Anteil dabei aus unserem Äpfelwein besteht, ist alles ok", findet er. Seit 2004 setzt er die Familientradition in nun fünfter Generation fort. „Es ist schon etwas Besonderes, eine solche Geschichte weiterschreiben zu dürfen", sagt er. Gleichzeitig sei es aber auch eine riesige Verantwortung. Dass er die einmal übernehmen würde, sei so nicht klar gewesen: „Es war zwar stets die stille Erwartung meines Vaters, aber ich wollte davon zunächst nichts wissen", erzählt er. Nach fünf, sechs Jahren in den USA zog es ihn dann doch zurück nach Frankfurt, und er stieg in das Familienunternehmen ein. Aus Liebe zum Stöffche. Und zur Tradition. Und die verpflichtet bekanntermaßen.

Kontakt: Töpferei Maurer · Wallstraße 5 · 60594 Frankfurt
Tel.: (069) 616340 · www.keramik-maurer.de

MONIKA MAURER: BEMBEL MIT MUSIK

Sie selbst trinke am liebsten einen schönen, kräftigen Speyerling, sagt Monika Maurer, „und im Sommer gern mal was Liebliches, Prickelndes". Die Auswahl an „Ebbelwoi" sei in den vergangenen Jahren beeindruckend groß geworden, nickt sie anerkennend und findet das gut, denn gerade durch die Neukreationen entdecken auch die Jungen das hessische Nationalgetränk für sich. Tradition liegt im Trend. Das stellt sie auch bei ihren Kunden fest, die mit den Jahren jünger werden. „Früher kamen vor allem Alte und Mittelalte", heute gehöre der eigene Bembel auch bei den „junge Leut'" zum guten Ton. Das freut sie, die selbst eine Tradition hochhält: Denn alles Steinzeug, das sie in ihrem Laden verkauft, ist nicht nur von ihr selbst getöpfert, sondern auch handbemalt. 1973 eröffnete ihr Mann das Geschäft „und nach seinem viel zu frühen Tod habe ich einfach weitergemacht", erzählt die 72-Jährige, die eigentlich am Konservatorium klassische Gitarre unterrichtete und der Musik bis heute treu ist – unter ihrem Arbeitstisch steht griffbereit das Akkordeon, das sie sich umschnallt, wenn sie gerade mal ein Päuschen braucht.

In der Töpferei Maurer findet man alles, was sich ums Stöffche dreht, und noch ein bisschen mehr. Und auch den Rat fürs Leben kriegt man kostenlos dazu - sei es direkt von Frau Maurer, die die Frankfurter Mundart lebt und ihren Kunden schon mal freundlich aber bestimmt während des Verkaufsgesprächs auf die korrekten Begrifflichkeiten hinweist: „Wenn einer Dippe sagt, aber Geripptes meint, des kann ich net habbe!", sei es dank einem der über 50 Sprüche die ihre Bembel zieren. Teils Jahrhunderte alt, teils Eigenkreationen: „Es geht der stärkste Hesse ei, gibt's de Tach lang kein Äppelwoi!" „Was wahr ist, muss wahr bleibe", findet Monika Maurer. So ist es.

Empfehlenswerte Keltereien und Apfelweinkneipen

Hanau

Kelterei Stier

Am Kreuzstein 25 · 63477 Maintal

Tel.: (06109) 65099 · www.kelterei-stier.de

Haltestelle: Maintal-Bischofsheim Alt-Bischofsheim

Buslinien MKK23, MKK25

Die Wurzeln der Kelterei reichen zurück bis zur alten „Apfelwein-Familie" der Schales in Mittelbuchen. Aus dieser Tradition führte von 1960 an Erwin Stier unter seinem Namen die Kelterei in Bischofsheim weiter. Seit nun über zwanzig Jahren leitet Jörg Stier die Apfelweinherstellung, vor 5 Jahren hat er das Zepter an seine beiden Söhne übergeben. In diesen Jahren ist es ihm gelungen, neben dem Angebot der klassischen Apfelweine, eine Auswahl von über vierzig verschiedenen Apfelwein-Spezialitäten zu kreieren. Ergänzend bietet die Kelterei im Apfelladen ein Sortiment exklusiver regionaler Produkte an.

Goldener Bock

Altstädter Markt 1 · 63450 Hanau

Tel.: (06181) 4349834 · www.goldenerbock.com

Haltestelle: Hanau Schlossplatz

Buslinien 3, MKK 31

Haltestelle: Hanau Hospitalstraße

Buslinien 1, 4, 560, 9, MKK-23, MKK-31, MKK-32, MKK-33; AST 4, AST 9, AST MKK-31, AST MKK-32

In der Hanauer Altstadt, direkt gegenüber des Deutschen Gold-schmiedehauses, bietet der Goldene Bock seinen Gästen moderne hessische Küche. Die Klassiker wie Handkäs mit Musik, Grüne Soße und Hessisch Tiramisu gehören genauso zum Angebot wie die kreativen Varianten gebackener Handkäs auf roter Zwiebelmarmelade, lauwarm marinierter Schafskäse auf gebratenen Kloßscheiben mit Honig-Cidre-Chili-Soße bis hin zur Blutwurstlasagne auf Speierlingsauerkraut. In den Wintermonaten verwöhnt Sie der Goldene Bock auch mit Hessen-Tapas.

Kelterei Wilhelm Höhl

Konrad-Höhl-Straße 2-4 · 63477 Maintal-Hochstadt
Tel.: (06181) 40990 · www.hoehl-hochstadt.de
Haltestelle: Maintal-Hochstadt Konrad-Höhl-Straße
Buslinien MKK-22, MKK-25
Die Landkelterei Höhl ist mit ihren Marken einer der bekanntesten Apfelweinhersteller in Hessen. Hohe Qualitätsstandards und das einzigartige Verfahren der Kaltvergärung verleihen den Premium-Apfelweinen ihren unnachahmlichen Geschmack. Als älteste Apfelweinkelterei Deutschlands, 1779 gegründet, verbindet Höhl auch heute Tradition und Zeitgeist.

Offenbach (Kreis und Stadt)

Apfelwein Föhl

Marktplatz 1 · 63263 Neu-Isenburg
Tel.: (06102) 39669 · www.apfelwein-foehl.de
Haltestelle: Neu-Isenburg Stadthaus
Buslinie 653; AST OF-52

Erlesene Gastlichkeit in urig hessischer Atmosphäre – Das Apfelweinlokal mit Hofausschank bietet eine weit gefächerte Auswahl
an Speisen und natürlich typischen Frankfurter Spezialitäten, die
saisonal abgestimmt und mit Produkten aus der Region zubereitet
werden.

Kelterei Lang & Lotz

Wagnerstr. 13 · 63322 Rödermark-Urberach
Tel.: (06074) 6978020 · www.langundlotz.de
Haltestelle: Rödermark-Urberach Wagnerstraße
Buslinie OF-95
André Lang & Tim Lotz haben 2014 die Streuobst Manufaktur ge-
gründet und damit ihr Hobby zum Beruf gemacht. Die dazugehö-
rende Straußenwirtschaft bietet von Mai bis einschließlich August
Apfelwein, Saft und Edelbrände aus eigener Herstellung sowie
eine regionale Speisekarte.

Obstbau Ott

Seligenstädter Str. 10 · 63500 Seligenstadt-Froschhausen
Tel.: (06182) 67023 · www.obstbau-ott.de
Haltestelle: Seligenstadt-Froschhausen Kirche
Buslinien 58, OF-85, AST OF-81
Obstbau Ott ist seit über 40 Jahren ein Familienbetrieb. Im Einklang
mit der Natur werden auf etwa 2,7 ha Anbaufläche verschiedene
Obstsorten angebaut, integriert und kontrolliert geerntet. Im Ver-
kauf ab Hof gibt es Tafelobst, Apfelwein in verschiedenen Sorten,
Apfelsaft und Süßen.

Brennerei Werner

Hans-Fleissner-Straße 67 · 63329 Egelsbach
Tel.: (0151) 18468543 · www.obstbrennerei-werner.de

Blauer Bock®

URTYP

APFELWEIN

Landkelterei Höhl
seit 1779

Haltestelle: Egelsbach Flugplatz
AST OF-77
Fußweg: 5 Minuten
Haltestelle: Egelsbach Bahnhof
S-Bahn-Linien S3, S4; Buslinie OF-73, AST OF-77
Fußweg: 12 Minuten
Auf den Anbauflächen des Betriebs Werner wachsen Kern- und Steinobst, Tafeltrauben und die Früchte der Streuobstwiesen. Das gewonnene Obst wird selbst verarbeitet und zu hauseigenen Schnäpsen gebrannt.

Gasthaus Alte Burg
Fahrgasse 50 · 63303 Dreieich
Tel.: (06103) 84913 · www.alte-burg-dreieich.com
Haltestelle: Dreieich-Dreieichenhain Burg Hayn
Buslinien OF-64, OF-99
Das Gasthaus Alte Burg ist mit deutlich über 450 Jahren die älteste Apfelweingaststätte Deutschlands! Die gemütliche Apfelweinstube mit ihren alten Fachwerkbalken serviert hessische Spezialitäten wie Handkäs mit Musik.

Wirtshaus Zum Faselstall
Fahrgasse 63 · 63303 Dreieich
Tel.: (06103) 85888
Haltestelle: Dreieich-Dreieichenhain Burg Hayn
Buslinien OF-64, OF-99
Das Wirtshaus Zum Faselstall liegt direkt neben der Burg Hayn in Dreieich. Gemütlicher Biergarten mit großer Rasenfläche und Blick auf die Burg. Parkplätze vorhanden.

Zur Käsmühle

Dietesheimer Straße 408 · 63073 Offenbach
Tel.: (069) 78806980 · www.zur-kaesmuehle.de
Haltestelle: Offenbach-Bieber Bahnhof
S-Bahn-Linien S1, S2
Fußweg: 21 Minuten
Die traditionsreiche Käsmühle in Offenbach-Bieber bietet eine gut bürgerliche Küche in freundlichem Ambiente und idyllischer Lage. Ob mit Service im Wirtshaus oder mit Selbstbedienung im Biergarten, die abwechslungsreiche und reichhaltige Speisekarte bereitet Freude. Das Angebot umfasst sowohl regionale Spezialitäten als auch deutsche Klassiker und besticht durch ein außergewöhnliches Angebot von Handkäs-Gerichten.

Wiener Hof

Langener Straße 23 · 63073 Offenbach-Bieber
Tel.: (069) 891296 · www.wiener-hof.de
Haltestelle: Offenbach-Bieber Am Rebstock
Buslinien 102, 104
Das Restaurant & Saalbau Wiener Hof im Herzen von Bieber ist einer der ältesten Offenbacher Gastronomiebetriebe. Während das Team im Sommer all seine Kraft der Gartenbewirtschaftung widmet, gestaltet der Wiener Hof von September bis Mai ein regelmäßiges Kulturprogramm in seinem Saal.

Gasthaus Obermühle

Obermühlstr. 63 · 63073 Offenbach-Bieber
Tel.: (069) 898539 · www.gasthaus-obermuehle.de
Haltestelle: Offenbach-Bieber Oberhofstraße
Buslinien 101, 104

Das rustikale Lokal mit Apfelwein-Charakter wurde am 20. Februar 1999 in der umgebauten Scheune der Obermühle in Offenbach-Bieber eröffnet. Auch der Biergarten mit seinen 110 Plätzen lädt zur Einkehr während eines Spaziergangs, einer Wanderung oder einer Radtour ein, denn die Obermühle liegt direkt am Radwanderweg und der Apfelweinroute. Der Apfelwein wird von der ortsansässigen Kelterei Zilch in Bieber bezogen.

Markthaus am Wilhelmsplatz

Bieberer Straße 9b · 63065 Offenbach
Tel.: (069) 80101883 · www.markthaus.eu
Haltestelle: Offenbach Wilhelmsplatz
Buslinien 103, 105, 106, 120
In dem denkmalgeschützten Gemäuer und heimlichen Wahrzeichen Offenbachs, erbaut anno 1911 und ursprünglich als Geräteschuppen für die Marktbeschicker gedacht, trifft sich traditionelle hessische Küche mit innovativer Gastronomie. Die gutbürgerliche Küche bietet frisch zubereitete Speisen, deren Produkte von ausgewählten Herstellern aus der Region stammen.

Kelterei Lühn

Hanauer Str. 59 · 63075 Offenbach-Bürgel
Tel.: (069) 86711730 · www.kelterei-luehn.de
Haltestelle: Offenbach Karl-Herdt-Weg
Buslinien 103, 120, AST OF-35
Bei der Kelterei Lühn gibt es Süßen, Apfelmost, Rauscher und Apfelwein, absolut naturbelassen. Haltbarer Apfelsaft ist ganzjährig verfügbar. Die Kelterei kauft Ihre Äpfel an oder gibt Ihnen dafür portionsweise frischen Süßen auf Gutschein. Behälter und Getränkefässer stehen zum Verkauf, auch zum kurzfristigen Verleih für Partys (inkl. Gläser).

Wetterau

Rapp's Kelterei
Brunnenstraße 1 · 61184 Karben
Tel.: (06039) 91940 · www.rapps.de
Haltestelle: Karben-Groß-Karben Bahnhof
S-Bahn-Linie S6; Buslinien FB-72, FB-73, FB-74, X27
Fußweg: 9 Minuten
Geschmack und Qualität mit langer Tradition. Die Rapp's Kelterei besteht seit 1928 und gilt heute als Hessens größter Fruchtsaft-Hersteller und ein bedeutender Anbieter von verschiedenen Apfelwein-Spezialitäten. Empfehlenswert sind die kostenfreien Keltereibesichtigungen nach Voranmeldung für Gruppen. Von Mai bis Oktober schließt sich ein Rundgang durch den Rapp's Natur-Erlebnisgarten an.

Born in the Wetterau
Rathausstraße 45-47 · 35510 Butzbach-Ostheim
www.born-in-the-wetterau.de
Haltestelle: Butzbach-Ostheim Altes Rathaus
Buslinie FB-56 (montags-freitags)
Haltestelle: Butzbach-Ostheim Bahnhof
RMV-Bahnlinien RB30, RE 30, RB40, RB41, RB49, RE99
Buslinie FB-56
Fußweg: 10 Minuten
Born in the Wetterau ist ein noch junges Unternehmen aus der Wetterau, das es in kürzester Zeit geschafft hat, aus seinen Getränken eine echte Kultmarke zu machen. Der Apfelwein, die Apfelwein-Mixgetränke, der Apfelschnaps und der Apfelsaft sind, wie der Name schon sagt, echte Wetterau-Gewächse.

Edelobstbrennerei Weidmann & Groh

Ober-Wöllstädterstr. 3 · 61169 Friedberg-Ockstadt

Tel.: (06031) 770397 · www.weidmann-groh.de

Haltestelle: Friedberg-Ockstadt Am Leihgraben

Buslinie FB-32; ALT FB32

Sortenreine Apfelweine, Apfelperlweine, Apfelschaumweine, Liköre und Obstbrände – bei der Herstellung der Produkte steht in der Kelterei und Brennerei die Qualität an erster Stelle. Dabei ist es Weidmann & Groh wichtig, ausschließlich saubere und vollreife Früchte zu verarbeiten.

Apfelwein-Straußwirtschaft Zum Gerippte

Borngasse 30 · 61169 Friedberg-Ockstadt

Tel.: (06031) 3009 · www.zum-gerippte.de

Haltestelle: Friedberg-Ockstadt Schloß

Buslinie FB-32, ALT FB-32

In der alten Fachwerkhofreite werden Sie bei schönem Wetter im Innenhof, bei Regen in der beheizbaren Scheune bedient. Genießen Sie eine bodenständige und schmackhafte Küche. Die Spezialität ist der eingelegte Handkäse. Der Apfelwein wird aus Äpfeln der eigenen Streuobstwiesen gekeltert. Weiterhin werden Säfte, Obstbrände und Seccos geboten. Seit der Saison 2016 wird zudem eine Lohnkelterei betrieben. Obstabgabe gegen Bargeld ist auch möglich.

Apfelweinmanufaktur Rote Pumpe

Nieder-Mörler Straße 6 · 61231 Bad Nauheim

Tel.: (06032) 9371903 · www.rote-pumpe.de

Haltestelle: Bad Nauheim-Nieder-Mörlen Hauptstraße

Buslinie FB-11

Haltestelle: Bad Nauheim-Nieder-Mörlen Frauenwaldstraße

Buslinien FB-11, FB-35

Seit 2004 gibt es die Straußwirtschaft Rote Pumpe in Nieder-Mörlen. Im Innenhof der Hofreite erwartet Sie eine herzhafte Vesper und selbst gekelterter Apfelwein. Zu den kulinarischen Genüssen zählen der Apfelschaumwein aus dem Kaiser-Wilhelm-Apfel und die sortenreinen Apfelweine. Ein offenes Zelt schützt die Gäste vor Regen.

Pomolo Obstweine

Gronauer Weg 23 · 61184 Karben-Rendel
Tel.: (06039) 939418 · www.pomolo.de
Haltestelle: Karben-Rendel Gronauer Weg
Buslinie FB-74 (montags-freitags)

Pomolo keltert seit 30 Jahren Apfelwein. Jeden Herbst werden sortenreine Obstsäfte gepresst, die frisch verkauft oder direkt weiterverarbeitet werden. Seit einigen Jahren keltern die Wetterauer einen Perlwein, den sie Obst-Secco nennen. Probieren und kaufen können Sie die Produkte u.a. auf den Wochenmärkten in Bad Vilbel, Karben und Offenbach, von September bis November.

Kelterei Müller

Rathausstraße 45-47 · 35510 Butzbach-Ostheim
Telefon: (06033) 97400 · www.kelterei-mueller.de
Haltestelle: Butzbach-Ostheim Altes Rathaus
Buslinie FB-56 (montags-freitags)
Haltestelle: Butzbach-Ostheim Bahnhof
RMV-Bahnlinien RB30, RE30, RB40, RB41, RB49, RE99
Buslinie FB-56
Fußweg: 10 Minuten

Im Herzen der Wetterau liegt seit 1905 die Kelterei Müller. Zum Sortiment zählen qualitativ hochwertige Apfelweine, Direktsäfte aus

100 Prozent Fruchtsaft, diverse Nektare und Fruchtsaftschorlen. Im hauseigenen Getränkeshop erwartet Sie ein umfangreiches Angebot.

Aschaffenburg / Spessart-Mainland

Wissel's mobile Kelterei
Finkenweg 5 · 63776 Mömbris-Königshofen
Tel.: (06029) 6728 · www.wissels-mobile-kelterei.de
Haltestelle: Mömbris-Königshofen Bahnhof
RMV-Bahnlinie RB56
Fußweg: 10 Minuten
Sie können das Keltern/Abfüllen des eigenen Saftes direkt miterleben. Die Kelterei auf Rädern kommt in der Obsterntezeit für Lohnkeltertage auf öffentliche oder private Standplätze und presst Ihren Wunschsaft aus Ihrem Obst. Die mobile Kelterei ist ein von Bioland zertifizierter Verarbeitungsbetrieb.

Kelterei und Edelbrennerei Hofmann
Krombacher Straße 5-7 · 63825 Blankenbach
Tel.: (06024) 1561 (Kelterei) · Tel.: (06024) 634191 (Kelterschänke)
www.kelterei-hofmann.de
Haltestelle: Blankenbach Bahnhof
RMV-Bahnlinie RB56
Fußweg: 4 Minuten
Das Familienunternehmen „Hofmann & Sohn" steht seit September 1948 für herausragende Getränkeprodukte und Dienstleistungen. Die besondere Kompetenz liegt im Bereich Kelterei, Süßmosterei und Brennerei. Aus verschiedensten Früchten unserer Region produziert die Kelterei und Edelbrennerei bekömmliche Getränke.

Die Kelterschänke bietet Ihnen eine Speisekarte mit typischen Spezialitäten der Region.

Kelterei Petermann
Bachstraße 9 · 63762 Großostheim
Tel.: (06026) 1457 · Kelterei-petermann@t-online.de
Haltestelle: Großostheim Am spitzen Turm
Buslinie K 54
Fußweg: 4 Minuten
Haltestelle: Großostheim Schaafheimer Straße
Buslinie K 53
Fußweg: 6 Minuten
Richard Petermann betreibt seine Kelterei seit 1962 als Familienunternehmen. Mit dem Speierling als Spezialität und den naturtrüben Apfelsäften und Apfelweinen „Bachgauer Gold" trägt die Familie zur Pflege der heimischen Streuobstwiesen bei.

Kelterei Herkert
Am Sportplatz 1 · 63826 Geiselbach
Tel.: (06024) 636236 · www.kelterei-herkert.de
Haltestelle: Geiselbach Magdalenenbrunnen
Buslinie 25
Fußweg: 19 Minuten
Die Kelterei Herkert ist ein Sinnbild für Tradition, aber auch für ehrliche handwerkliche Qualität. Denn neben den Fachkenntnissen stehen die Begeisterung und das Engagement für die Produkte an erster Stelle. Seit 2011 vertreibt Inhaber Michael Laser außergewöhnliche Liköre, Geiste und Brände, die Sie neben dem Apfelwein und Apfelsaft im Hofladen erwerben können. Die dazugehörige Straußwirtschaft liegt in direkter Nähe zur Birkenhainer Straße.

Kelterei Grünewald

Friedhofstraße 12 · 63776 Mömbris

Tel.: (06029) 4090 · www.kelterei-gruenewald.de

Haltestelle: Mömbris-Mensengesäß Bahnhof

RMV-Bahnlinie RB56

Fußweg: 10 Minuten

Schon in den 1930er Jahren belieferte der Vater des Firmengründers selbstkelternde Frankfurter Gaststätten und Keltereien mit Äpfeln aus dem Kahlgrund. Aus bescheidensten Anfängen heraus entwickelte sich die Kelterei nicht zuletzt durch die Qualität des Apfelweines zur heutigen Größe. Das Bestreben des Familienbetriebes ist es, aus heimischen Äpfeln auf schonendste Weise sowohl für das Produkt, als auch für die Umwelt, bestmögliche Qualität herzustellen.

Kelterei Rothenbücher

Hauptstraße 64 · 63825 Schöllkrippen

Tel.: (06024) 15 66 · www.kelterei-rothenbuecher.de

Haltestelle: Schöllkrippen-Schneppenbach Mitte

Buslinie 25 (nur Schulfahrten montags bis freitags)

Haltestelle: Schöllkrippen Bahnhof

RMV-Bahnlinie RB56

Fußweg: 22 Minuten

Die Kelterei Rothenbücher hat es sich zur Aufgabe gemacht, Getränke in bester Qualität und ohne künstliche Zusatzstoffe zu gewinnen. Gemeinsam mit zwei anderen Keltereien ist man von Beginn an Kooperationspartner des Schlaraffenburger Streuobstprojekts, d.h. die Kelterei übernimmt jedes Jahr die Annahme und Verarbeitung des Streuobstes, das Projektteilnehmer aus der Region Aschaffenburg ohne lange Transportwege pflückfrisch anliefern.

Kelterei Stenger

Hauptstraße 7 · 63773 Goldbach

Tel.: (06021) 51756 · www.kelterei-stenger.de

Haltestelle: Goldbach Bahnunterführung

Buslinie 21

Fußweg: 11 Minuten

Christian Stenger von der Kelterei Stenger in Goldbach hat die traditionsreiche Kelterei Rothenbücher im Kahlgrund übernommen. Seither werden die beiden Kelterein immer enger miteinander verknüpft. Seit 2014 sind sie unter der Dachmarke „KeltereiManufaktur Rothenbücher" zusammengeführt. Dennoch: Die Kelterei Stenger bietet weiterhin spezielle Apfelweine und Apfelsäfte – in Aussehen, Geschmack und Qualität.

Darmstadt-Dieburg

Apfelweinhof Dieburg

Steinstraße 12 · 64807 Dieburg

Tel.: (06071) 9299415 · www.apfelweinhof.de

Haltestelle: Dieburg Bahnhof

RMV-Bahnlinien RB61, RB75

Buslinien K 68, K 69, 671, 672, 674, 679

Fußweg: 8 Minuten

Familie Wiessner betreibt die kleine mobile Kelterei mit Straußwirtschaft und eine spezialisierte Apfelweinhandlung. Der Apfelweinhof Dieburg in der Steinstraße 12 ist der Anlaufpunkt für alle Freunde von Apfelwein, Cidre, Cider, Obstbränden, hessischen Gerichten u. v. m. Im gemütlichen Hinterhof können Sie selbstgekelterten Apfelwein und hessische Spezialitäten genießen.

Darmstädter Hof

Odenwaldstraße 99 · 64372 Ober-Ramstadt
Tel: (06154) 3520 · www.schaller-darmstädterhof.de
Haltestelle: Ober-Ramstadt-Nieder-Modau Kirchstraße
Buslinien K 56, K 58

Der Darmstädter Hof, der sich bereits seit 1836 und somit seit sechs Generationen im Besitz der Familie Schaller befindet, liebt die Küche der Regionen. Neben südhessischen Spezialitäten gibt es u. a. selbstgekelterten Apfelwein zu Hand- oder Kochkäs' sowie weitere apfelweintypische Speisen.

Hochtaunus

Alt Orschel

Straußwirtschaft (nur von Anfang Mai bis September!)
Hofeinfahrt Marktplatz 6 · 61440 Oberursel
Tel.: (06171) 57013 · www.alt-orschel.de
Haltestelle: Oberursel Marktplatz
Buslinien 41, 42, 43, 44, 45

Kelterei, Straußwirtschaft – im „Alt Orschel" kommt zusammen, was zusammengehört. Seit 1979 besteht die „Ebbelwoi-Kult-Stätte" und hat sich seit ihren Anfängen der „Pflege und Förderung der Apfelweinkultur" verschrieben. Und so gibt es hier in der Saison, also von Mai bis September, eben nicht nur die selbsterzeugten Apfelweinspezialitäten aus der Kelterei Steden, sondern auch „Schbass und Kultur im Hof" sowie herzhaft hessische Hausmannskost.

Bauer Burkhard

Obere Hainstraße 14 · 61440 Oberursel

Tel.: (06171) 4744 · www.bauer-burkard.de

Haltestelle: Oberursel Marktplatz

Buslinien 41, 42, 43, 44, 45

Der alteingesessene landwirtschaftliche Betrieb arbeitet traditionell und in fünfter Generation und verkauft seine saisonalen Erzeugnisse direkt im Hofladen, wo es auch eigenen Saft und Apfelwein gibt. Ein tolles Angebot für Obstbauern: Sie können Ihre Früchte auch in kleinen Mengen zum Bauern Burkhard bringen und dort tatkräftig dabei unterstützen, wenn aus dem eigenen Obst Saft entsteht. Nicht nur für Kinder ein Erlebnis. Auf Wunsch kann der Saft sogar pasteurisiert werden, so kann man ihn länger genießen.

Distlerhof

Zum Grund 7 · 61276 Weilrod-Niederlauken

Tel.: (06083) 957959

Haltestelle: Weilrod-Niederlauken

Buslinien 62, 69, 81, AST 62

Ob Apfeldirektsaft oder Edelobstbrände, hier findet jeder das Richtige gegen den Durst. Frischen Süßen gibt's pressfrisch in der Saison und die Edelbrände aus der eigenen Brennerei können nach Terminvereinbarung selbstverständlich probiert werden. Auch Apfellohnkeltern ist nach Absprache möglich, und Obst und Gemüse gibt's frisch und eingemacht aus dem eigenen Garten sowie Honig und Kerzen aus der eigenen Imkerei.

Kelterei Heil

An den Obstwiesen 2 · 35789 Weilmünster-Laubuseschbach

Tel.: (06475) 91310 · www.kelterei-heil.de

Haltestelle: Laubuseschbach Ortsmitte
Buslinien LM-51, LM-56, LM-57
(alle nur Mo.-Fr. max. 18.30 Uhr, Samstagsnachmittag eine Fahrt
bis 15.00 Uhr, keine Alternativen!)
Fußweg: 10 Minuten
Äpfel gehören ins Glas! Das weiß man in der Familie Heil seit Generationen. Um die heimischen Streuobstwiesen zu retten und den Fortbestand des Stöffchens zu sichern, startete man 1988 mit einer Pflanzaktion, bei der bis dato über 40.000 Bäume neu angepflanzt wurden. Ein Einsatz, der sich lohnt! Toll sind nicht nur die süffigen Produkte, sondern auch die zahlreichen Aktionen der Kelterei im ganzen Jahr – etwa der „Apfellauf" oder das „Apfelfest" im „Freilichtmuseum Hessenpark". Und auch eine Keltereibesichtigung ist sehr empfehlenswert!

Kelterei Steden
Wiederholtstraße 7 · 61440 Oberursel
Tel.: (06171) 57013 · www.kelterei-steden.de
Haltestelle: Oberursel Marktplatz
Buslinien 41, 42, 43, 44, 45
Apfelwein, Heimat, Liebe – darum geht es dem Familienbetrieb. Denn eins bedingt das andere, schließlich wachsen auf den Streuobstwiesen in und um Oberursel die Früchtchen, die in der Lohnkelterei zum hessischen Nationalgetränk und herzhaften Bränden verarbeitet werden. Damit ist klar: Apfelweintrinker sind Genießer und tragen zum Landschafts- und Naturschutz bei.

Landsteiner Mühle
Landstein 1 · 61276 Weilrod
Tel.: (06083) 346 · www.apfelweinbistrorant.de

Haltestelle: Weilrod-Altweilnau Landstein

Buslinie 50, 51, 80, 82, 86, AST 50, AST 82

Michael Stöckl war einer der ersten, der das Potenzial des Apfelweins erkannte und forderte, ihn in eleganten Gläsern auszuschenken. Das brachte ihm den Beinamen „Apfelwein-Sommelier" ein. Als Mitorganisator der weltweit größten Apfelweinmesse kann er nicht anders als in seinem „Apfelweinbistrorant" die Apfelweine der Welt mit raffiniert komponierten Lieblingsgerichten zu kombinieren. Und so lernt man hier das „Stöffche" in seiner exquisiten Form (neu) kennen.

Spezialkelterei Heberth

Im Kronthal 12-16 · 61476 Kronberg

Tel.: (06173) 4064 · www.herberth.de

Haltestelle: Kronberg Kronthal

Buslinien 85, AST 85

Im idyllischen Taunusstädtchen Kronberg beheimatet, dreht sich in der Kelterei Herberth seit über 40 Jahren alles rund um den Apfel. Ob gepflegter Schoppen, sonnengereifte Säfte oder feinspritzige Apfelschaumweine – die Apfelprodukte sind ausgezeichnet und „Der Feinschmecker" hat den Traditionsbetrieb gar in den „Kreis der Besten" aufgenommen.

Obst- und Gartenbauverein Mammolshain e.V.

Milcheshohl 26 · 61462 Königstein im Taunus

Tel.: (06174) 1794 · www.ogv-mammolshain.de

Haltestelle: Königstein-Schneidhain Bahnhof

RMV-Bahnlinie 12

Fußweg: 5 Minuten

Heute dreht sich hier alles um Naturschutz und Landschaftspflege, daher kümmert sich der OGV vor allem um die für die Mammolshainer Gemarkung typischen Streuobstwiesen und Edelkastanienhaine, bietet Baumschnittkurse und Einblicke in die Kelterei. Eine Institution ist das „Apfelblütenfest", das jedes Jahr am 1. Mai stattfindet und bei dem nicht nur eine Apfelweinanalyse der selbstgekelterten Schoppen durchgeführt wird, sondern auch der Mammolshainer Apfelweinkönig gekürt wird.

Quellenhof
Kirchgasse 9 · 61449 Steinbach
Tel.: (06171) 78458 · www.demeter-quellenhof.de
Haltestelle: Steinbach Pijnacker Platz
Buslinien 91, 251, 252
Dass Bio funktioniert, beweist der Quellenhof in Steinbach seit 1987, seit damals sind chemische Spritz- und künstliche Düngemittel des seit 1764 existierenden Bauernhofs nämlich komplett tabu. Er ist Mitglied des Demeter-Bundes für biologisch-dynamische Wirtschaftsweise und wirtschaftet auf mehr als 17 ha Fläche (6,5 ha Getreide, 1,5 ha Kartoffeln, 1 ha Gemüse, Grünland sowie Streuobstwiesen mit über 300 Bäumen). Dass es einfach köstlich schmeckt, davon kann man sich im Hofcafé und Hofladen überzeugen, wo es natürlich auch Saft und Apfelwein von den eigenen Streuobstwiesen gibt.

Main-Taunus

Gimbacher Hof
Gimbacher Weg · 65779 Kelkheim
Tel.: (06195) 3241 · www.hof-gimbach.de
Haltestelle: Kelkheim Bahnhof
RMV-Bahnlinie 12, Buslinien 263, 804, AST 263, AST 804

Fußweg: 10 Minuten

Nicht nur bei Familien ist der „Gimbi" seit jeher ein beliebtes Ausflugsziel, schließlich kann man hier Naturerlebnis und Gaumenfreuden aufs Trefflichste vereinen: Im Sommer sitzt man in der weitläufigen Gartenwirtschaft unter großen Kastanienbäumen, im Herbst und Winter wird's in den Stuben mit Kachelofen oder Kamin gemütlich. Auf den Tisch kommen einfach köstliche hausgemachte Spezialitäten. Dabei stammt das Fleisch aus eigener Viehhaltung und das Gemüse und die Kräuter aus dem Bauerngarten. Apfelwein gibt es auch – selbstverständlich selbstgekeltert und von eigenen Bäumen.

Immenhof

Borngasse 8a · 65812 Bad Soden-Neuenhain
Tel.: (06196) 528862 · www.immenhof-neuenhain.de
Haltestelle: Neuenhain Drei-Linden-Straße
Buslinie 253
Fußweg: 5 Minuten
Haltestelle: Neuenhain Bürgerhaus
Buslinie 803, AST 803
Fußweg: 5 Minuten

Der Immenhof in Bad Soden-Neuenhain ist nicht nur ein ausgewiesenes Kulturdenkmal, sondern auch eine Apfelweinmanufaktur, die größten Wert darauf legt, ihren Äpfeln die nötige Zeit zum Reifen zu lassen. Man versteht sich hier auf traditionell gekelterten Apfelwein und Saft ebenso wie auf prämierte Schaumweine und edle Obstbrände. Zu verkosten von April bis September direkt vor Ort im hofeigenen Apfelweinlokal oder ganzjährig im Hofladen.

Kelterei Roth

Unterortstraße 12 · 65760 Eschborn
Tel.: (06196) 7795880 · www.bauernladen-roth.de

Haltestelle: Eschborn Eschenplatz

Buslinien: 252, AST 825

Den Apfelwein der Kelterei Roth kann man nicht nur direkt vor Ort im Hofladen kaufen, sondern er wird auch in einigen Eschborner Gaststätten ausgeschenkt. Kein Wunder, ist er doch schön süffig, klar und ohne merklichen Schwefelanteil. Immer wieder gibt es schöne Hoffeste, bei denen sich auch die Kleinsten als Kelterer probieren dürfen und den selbstgepressten Süßen dann direkt probieren können.

Obsthof am Berg

Auf der Hohlmauer 2 · 65830 Kriftel

Tel.: (06192) 42961 · www.obsthof-am-berg.de

Haltestelle: Kapellenstraße

Buslinien X17, 810, 834, AST 810, AST 835

Fußweg: 8 Minuten

Während sich die Generationen zuvor vor allem dem Obstanbau verschrieben, haben die Brüder Holger und Ralf Henrich mit der Übernahme des Familienbetriebs im Jahr 2010 den Schwerpunkt immer mehr Richtung Brennerei und Kelterei verschoben. Selbstverständlich gibt es auch weiterhin Apfelwein und -saft, aber ihr Herz schlägt klar für „Gilor", Single Malt Whisky. Übrigens zählen die Henrichs zur internationalen Brennereielite und wurden schon mehrfach bei der größten Edelbrandprämierung der Welt, „Destillata", ausgezeichnet. Probieren kann man ihre Köstlichkeiten während der Sommermonate in der hofeigenen Straußwirtschaft oder im täglich geöffneten Hofladen.

Schäfer Jabob's Apfelland/Gaststätte Zum Taunus

Hornauer Straße 146 · 65779 Kelkheim

Tel.: (06195) 911234 · www.zumtaunus.de

Haltestelle: Kelkheim-Hornau Bahnhof
RMV-Bahnlinie 12, Buslinien 263, 804, AST 263, AST 804
Fußweg: 10 Minuten; das Apfelland liegt etwas außerhalb in der Nähe des Kelkheimer Friedhofs
Entspannen wie im Bilderbuch! Das kann man unter einem der 1.200 Apfelbäume in „Schäfer Jacob's Apfelland". Allerdings nur von Mai bis September. Dann gibt es Spunde- und Handkäs', Gegrilltes, Flammkuchen und selbstgebackene Apfelkuchen und natürlich die selbstgekelterten Apfelprodukte. Im Herbst und Winter kehrt man in die Gaststätte „Zum Taunus", einem Familienbetrieb, der seit 1774 besteht, ein. Aus „Oma Annas Küche" kommt hier Herzhaftes und Süßes aus vier Jahrhunderten auf den Tisch.

Frankfurt

Daheim im Lorsbacher Thal
Große Rittergasse 49 · 60594 Frankfurt
Tel.: (069) 616459 · www.lorsbacher-thal.de
Haltestelle: Frankfurt-Sachsenhausen Frankensteiner Platz
Straßenbahnlinien 14, 18, Buslinien 45, 46
Fußweg: 4 Minuten
Das Lorsbacher Thal ist eine der ältesten Schankwirtschaften der Stadt, die Tradition reicht bis ins Jahr 1803 zurück. Seit 2014 führen Pia und Frank Winkler das Kleinod – mit viel Gespür für Gastfreundschaft und raffiniert kombinierten regionalen Köstlichkeiten. Und natürlich Apfelwein. Der lagert im sehenswerten Gewölbekeller unter dem Gastraum. Hier keltert Frank Winkler nicht nur selbst, sondern hat mit über 200 Sorten aus der ganzen Welt auch eine der größten Apfelweinkollektionen weit und breit zusammengestellt!

Kelterei Nöll

Alt Griesheim 8 · 65933 Frankfurt
Tel.: (069) 388915 · www.noell-apfelwein.de
Haltestelle: Frankfurt Alte Falterstraße
Buslinien 54, 59

Tradition und Moderne schließen sich nicht aus, sondern bedingen einander – davon ist man in der Kelterei Nöll überzeugt. Mit viel Hingabe, Sorgfalt und konsequenter Qualitätsorientierung wird hier an ebenso schmackhaften wie hochqualitativen Produkten gearbeitet. Dazu gehört der klassische Apfelwein wie auch sortenreine Varianten, Apfelschaumwein oder Secco. Für ihr Sortiment hat die Kelterei seit 1987 schon 51 Medaillen bei der DLG, der Deutschen Landwirtschafts-Gesellschaft, gewonnen. Alle zwei Jahre findet übrigens das allseits beliebte Hoffest statt.

Kelterei Possmann

Eschborner Landstr. 156 · 60489 Frankfurt
Tel.: (069) 7899040 · www.possmann.de
Haltestelle: Frankfurt Wolf-Heidenheim-Straße
Buslinien 55, 60, 252
Fußweg: 10 Minuten
Haltestelle: Frankfurt-Rödelheim Eschborner Landstraße West
Buslinie 67 (montags bis freitags 7-19 Uhr)
Haltestelle: Frankfurt-Rödelheim Wolf-Heidenheim-Straße
Buslinien 55, 60, 67 (diese nur montags bis freitags 7-19 Uhr)
Fußweg: 10 Minuten

Die Kelterei Possmann lässt sich gerne in die Karten schauen, und so sind Führungen in die Geheimnisse der Apfelweinherstellung hier an der Tagesordnung. Die Besucher erhalten dabei nicht nur einen Einblick in die Produktion, sondern auch in den großen und kühlen Natursteinkeller. Hier lagern die Apfelweinsorten und Apfelsäfte in riesigen Beton-, Holz-, und Stahlfässern. Am imposantesten sind aber die weltweit einzigartigen drei U-Boot-Tanks, die 418.000 Liter Fassungsvermögen haben. Auch das alljährliche Kelterfest mit Volksradfahren Ende September ist ein tolles Erlebnis für Klein und Groß.

Schuchs Restaurant
Alt Praunheim 11 · 60488 Frankfurt
Tel.: (069) 761005 · www.schuchs-restaurant.de
Haltestelle: Frankfurt Praunheimer Brücke
Buslinie 72, 73
Jürgen Schuch betreibt das Praunheimer Traditionslokal bereits in der fünften Familiengeneration und verwöhnt seine Gäste mit Apfelspezialitäten, die nicht nur aus der Küche, sondern auch aus dem Keller kommen. In seiner „Pomothek" findet man eine Auswahl von über 30 hessischen Apfelweinspezialitäten. Bleibt die Frage, was probiert man zuerst?

Zu den drei Steubern
Dreieichstraße 28 · 60594 Frankfurt
Tel.: (069) 622229 · http://ibembel.de/zuden3steubern
Haltestelle: Frankfurt Affentorplatz
Buslinien 30, 36
Fußweg: 5 Minuten
Wer auf der Suche nach dem Frankfurter Charme ist, sollte unbedingt vorbeischauen. Ungeschminkt, ehrlich. Typisch Frankfurt eben, äh, Sachsenhausen. Nichts lenkt hier vom Wesentlichen ab – dem selbstgekelterten Schoppen. Und wer schon immer mal ein Sole-Ei probieren wollte, hat hier die Gelegenheit dazu.

Zum Gemalten Haus

Schweizer Straße 67 · 60594 Frankfurt
Tel.: (069) 614559 · www.zumgemaltenhaus.de
Haltestelle: Frankfurt Schwanthaler Straße
Straßenbahnlinien 15, 16
Haltestelle: Frankfurt Schweizer Platz
U-Bahn-Linien U1, U2, U3, U8
Schon seit Ende des 19. Jahrhunderts befindet sich hier eine Apfel-
weinwirtschaft, in deren Keller große Holzfässer lagern, in denen
der Schoppen reift. „Das Gemalte", wie der Frankfurter sagt, ist eine
der ältesten und traditionellsten Apfelweinwirtschaften, unver-
wechselbar dank seiner Fresken, die dem Haus seinen Namen ge-
ben. Eine Attraktion für Touristen, eine Heimat für die Frankfurter.
Ganz einfach. Und gut. Eben ein Original.

Zum Löwen

Alt-Sossenheim 74 · 65936 Frankfurt
Tel.: (069) 341357 · www.zumloewen-frankfurt.de
Haltestelle: Frankfurt Am Kapellenberg
Buslinien 50, 55, 58
Bodenständig und mit Anspruch, so ist hier die Küchenphiloso-
phie, und der Leitspruch „frisch, ehrlich, hessisch". Selbstverständ-
lich hat man sich im Löwen auch dem Apfelwein verschrieben. Als
Mitglied im „Verband der Apfelweinwirte in Frankfurt und Umge-
bung" sieht man es zwar nicht als Pflicht an, das Stöffchen zu trin-
ken, wohl aber, es zu probieren. In diesem Sinne: Wohlsein!

Zum Rad

Leonhardsgasse 2 · 60389 Frankfurt
Tel.: (069) 479128 · www.zum-rad.de
Haltestelle: Frankfurt Draisbornstraße

Buslinie 43

Auch hier pflegt man seit 200 Jahren die Apfelweinkultur. Das wissen jung und alt zu schätzen. Schließlich kann man in der Wirtschaft nicht nur Frankfurter Gastlichkeit genießen, sondern auch die „Ebbelwoi-Kultur". Und eine große Auswahl an Spezialitäten aus der Frankfurter Küche, und zwar traditionell innovativ.

Zur Buchscheer

Schwarzsteinkautweg 17 · 60598 Frankfurt
Tel.: (069) 635121 · www.buchscheer.de
Haltestelle: Frankfurt Gablonzer Straße
Buslinie 35

Seit 1876 kümmert man sich hier in der mittlerweile fünften Generation um das Wohlergehen der Gäste. Mit Selbstgekeltertem und Selbstgekochtem – beides in bester handwerklicher Tradition und Qualität – beidem fühlt man sich seit Langem und auf ewig verpflichtet.

Zur Sonne

Berger Straße 312 · 60385 Frankfurt
Tel.: (069) 459396 · www.zursonne-frankfurt.de
Haltestelle: Frankfurt Bornheim Mitte
U-Bahn-Linie U4, Straßenbahnlinie 12, Buslinien 34, 38, 43, 103
Fußweg: 10 Minuten

Egal bei welchem Wetter, auf der Oberen Berger Straße herrscht eitel Sonnenschein, zumindest, wenn man sich im Gasthaus „Zur Sonne" befindet. Seit 1768 ist man hier um das Wohl des Gastes bemüht und versteht sich auf selbstgekelterten Apfelwein und alles, was dazugehört. Im Sommer ist der lauschige Innenhof ein Anziehungspunkt, und wenn es kälter wird, ist es innen schön gemütlich.

RHEIN-MAIN-VERKEHRSVERBUND

Das **RMV-Angebot**

Rein ins **Vergnügen** raus mit **Bus** und **Bahn.**

Das **RMV-Fahrkarten**angebot: „Spitze", das rechnet sich.

Keine Staus und keine unnötige Parkplatzsuche. Der RMV bringt Sie sicher und bequem an Ihr Ziel und wieder zurück nach Hause. Infos über die passenden Fahrkarten bekommen Sie bei der RMV-Mobilitäts-Beratung.

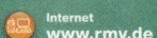

RMV-Servicetelefon
069 / 24 24 80 24

Internet
www.rmv.de

facebook
/RMVdialog

Zur Stalburg

Glauburgstraße 80 · 60318 Frankfurt
Tel.: (069) 557934 · www.stalburg.de
Haltestelle: Frankfurt Glauburgstraße
U-Bahn-Linie U5

Vornehm und chic ist hier nichts, sondern ehrlich und herzhaft –
seien es die Speisen oder der selbstgekelterte Apfelwein. Hier wird
ein Stück Frankfurt konserviert und gepflegt, das man im hippen
Nordend manchmal vergeblich sucht. Absolut empfehlenswert ist
auch der Besuch im angeschlossenen Theater, das seit 1998 existiert und sich schnell zu einem Fixstern in der Frankfurter Kulturlandschaft mauserte. Oder, wie Tigerpalast-Chef Johnny Klinke es
formulierte,: „der einzigen Antwort auf den Tigerpalast!"

Odenwald

Apfelwalzer Dieter Walz

Obergasse 5 · 64678 Lindenfels-Seidenbuch
Tel.: (06253) 23280 · www.apfelwalzer.de
Haltestelle: keinerlei ÖPNV-Anbindung

Wer die Köstlichkeiten aus der Schnapsbrennerei von Dieter Walz
genießt, tut nicht nur seinem Gaumen etwas wirklich Gutes, sondern auch der hiesigen Kulturlandschaft: Für die Herstellung seiner vielfach ausgezeichneten Produkte verwendet er ausschließlich vollreifes heimisches Obst und regionale Früchte. Diese
veredelt er zu Schnäpsen, Aperitifs und Champagner und vielem
mehr. Wie das genau funktioniert, kann man bei einer höchst infor-
mativen und unterhaltsamen Betriebsbesichtigung erfahren – Ver-
kostung inklusive.

Dornrös'chen

Annelsbacher Tal 43 · 64739 Höchst-Annelsbach
Tel.: (06163) 2484 · www.dornroeschen-annelsbach.de
Haltestelle: Höchst Annelsbach Ort
Buslinie 23 (nur Mo.-Fr. max. 19.00 Uhr)
Haltestelle: Höchst Mümling-Grumbach Bahnhof
RMV-Bahnlinien 81, 82
Fußweg 30 Minuten (Landstraße...)
Haltestelle: Höchst Hummetroth Haselburg
Buslinie 23
Fußweg 25 Minuten (Landstraße...)

Wer im Landgut Hotel von Carola und Peter Merkel im romantischen Annelsbachtal ankommt, dem fällt das Wohlfühlen nicht schwer. Die Gastgeber sind davon überzeugt, dass man Heimat schmecken kann. Und so verwöhnen sie ihre Gäste mit regionalen Spezialitäten – märchenhaft-cremigen Torten und raffinierten Apfelwein-Genüssen, die hier nicht nur aus dem Keller, sondern auch aus der Küche kommen. Da fällt das Abschiednehmen schwer.

Kelterei Bitsch

Bachgasse 2 · 64678 Lindenfels-Glattbach
Tel.: (06255) 952777
Haltestelle: keinerlei ÖPNV-Anbindung

Eigentlich ist der Hof der Familie Bitsch ein recht ruhiges Anwesen, außer zur Kelterzeit im Herbst. Dann herrscht hier reges Treiben und ein ziemlicher Lärm, denn die Apfelpresse läuft fast pausenlos. Privatleute, Gastronomen und Brenner lassen ihre Äpfel entsaften. Aber hier wird nicht nur eine Lohnkelterei betrieben, sondern auch eigener Apfelwein und Saft hergestellt mit Früchten von gut 800 Apfelbäumen, die auf den eigenen Streuobstwiesen wachsen, vorwiegend alte Sorten.

Kelterei Dölp

Otzbergstraße 16 · 64395 Brensbach
Tel.: (06161) 413 · www.kelterei-doelp.de
Haltestelle: Brensbach Ortsmitte
Buslinien 12, 693
Fußweg: 9 Minuten

Die Kelterei ist nicht nur eine der ältesten, sondern auch eine der modernsten im ganzen Odenwald. In der 4.000 qm großen Produktionsanlage werden in der Erntezeit bis zu zehn Tonnen Äpfel pro Stunde verarbeitet. Daraus werden Apfelwein und Säfte für jede Gelegenheit: vom klassischen Schoppe für Wohnzimmer und Gaststube, Apfelwein rosé und Cidre für besondere Anlässe oder Schoppe Schorsch und Äppler im Partyfass. Auch Privatleute können in der Saison hier ihre Äpfel abgeben: Für 100 kg Äpfel erhält man eine Gutschrift von 56 Litern.

Kelterei Krämer GmbH

Crumbacher Straße 6 · 64385 Reichelsheim
Tel.: (06164) 642080 · www.kelterei-kraemer.de
Haltestelle: Reichelsheim-Beerfurth B38
Buslinien 30, ERB30, 693
Fußweg: 8 Minuten

Hier wird seit 1928 gekeltert, was die Odenwälder Streuobstwiesen hergeben: fruchtige Säfte und traditioneller Apfelwein. Und dann läuft hier auch noch der Apfelwein von „Bembel with Care" aus der Presse. Der etwas andere Schoppen überzeugt vor allem die junge Generation: trendig in der Dose und als modernes Mischgetränk. Aber egal ob klassisch oder neu interpretiert: Hauptsache Apfelwein! Beliefert werden übrigens Einzelhändler im Umkreis von 60 Kilometern.

Treusch's Schwanen
Rathausplatz 2 · 64385 Reichelsheim
Tel.: (06164) 2226 · www.treuschs-schwanen.com
Haltestelle: Reichelsheim Reichenberghalle
Buslinien 14, 15, 30, ERB30, 693
Im staatlich anerkannten Luftkurort Reichelsheim kann man es sich bekanntlich gut gehen lassen. Wenn man dann auch noch den renommierten Odenwälder Gourmettempel von Armin Treusch mitten im historischen Stadtkern besucht, kann es einem kaum bessergehen. Außer vielleicht, man nimmt an einer der Treusch'schen Apfelweinproben in der weltweit ersten Apfelwein-Vinothek teil und lernt hier die neue Apfelwein-Kultur kennen und lieben.

Wiesbaden, Rüsselsheim, Rheingau

Die Bomolochie
Löhrstraße 4 · 65385 Rüdesheim
Haltestelle: Rüdesheim Bahnhof
RMV-Bahnlinie 10, Buslinien 171, 187
Fußweg: 10 Minuten; www.facebook.com/bomolochie
Ausgerechnet im tiefsten Rheingau, genauer in der Rüdesheimer Altstadt, befindet sich die westlichste Apfelwein-Straußwirtschaft Hessens. Aber warum eigentlich nicht? Schließlich verbindet das Stöffche, und auch eingefleischte Weintrinker müssen zugeben, dass der Selbstgekelterte von den Rheingauer Höhen einfach süffig ist. Ebenfalls ein Highlight: die spontanen Livemusik-Einlagen von Wirt Manfred Vogel.

Vergleichen Sie Äpfel mit Birnen!

www.kelterei-heil.de

Apfelundwein · Wulf Schneider GbR

Bohnheck 5 · 65527 Niedernhausen

Tel.: (06127) 967466 · www.apfelundwein.de

Haltestelle: Niedernhausen Oberjosbach Jahnstraße

Buslinie 220 (Mo. – Fr. max. 18.00 Uhr)

Haltestelle: Niedernhausen Oberjosbach Altes Rathaus

Buslinien 22, 220

Das Ziel: Neue Liebhaber für das Naturprodukt Apfelwein zu finden. Dafür werden das Wissen und die Familientradition genutzt, denn das Apfelweinkeltern wird hier seit über 100 Jahren praktiziert. Der Clou: Für die Vinifizierung des Apfelweins kommen gleichermaßen überlieferte Methoden und moderne Techniken des Weinbaus zum Einsatz. Wie das schmeckt? Das kann man sich vor Ort bei einer Apfelweinprobe auf der Zunge zergehen lassen.

HS Apfelmanufaktur

Eisenstraße 21 · 65428 Rüsselsheim

Tel.: (06142) 2080724 · www.apfelmanufaktur.de

Haltestelle: Rüsselsheim Eisenstraße

Buslinie 11 (Mo.-Sa. ca. 18.00 Uhr)

Haltestelle: Rüsselsheim Kant-Gymnasium

Buslinien 41, 42, 51, 52

Fußweg: 9 Minuten

Der Zwei-Mann-Betrieb in Rüsselsheim hat sich auf die Herstellung und Veredelung von Produkten aus Streuobst, vornehmlich aus Äpfeln, spezialisiert. Verarbeitet werden ausschließlich reife und unbehandelte Früchte. Da die Kelterei nur im Nebenerwerb betrieben wird, gibt es keine festen Öffnungszeiten. Eine telefonische Terminvereinbarung vor dem Besuch ist empfehlenswert.

Apfelweinstube im Himmelreich

Im Himmelreich 1 · 65201 Wiesbaden

Tel.: (0611) 4501996 · www.apfelweinstube-im-himmelreich.de

Haltestelle: Wiesbaden-Dotzheim Sonnenblumenweg

Buslinie 23

Fußweg: 9 Minuten

So also fühlt sich der Apfelweinhimmel an. Wer das selbst einmal versuchen möchte – im buchstäblichen Sinne, sollte einmal in den Rheingau kommen. Neben unprätentiöser, guter Hausmannskost bietet die Straußwirtschaft Herrlichkeiten aus der eigenen Kelterei. Achtung: Nur während der Sommermonate bis Mitte/Ende Oktober geöffnet!

Kontakt: Bembel-With-Care GmbH & Co. KG · Werftstr. 15 - 17
68159 Mannheim · Tel. (0621) 40179000 · www.bembel-with-care.de

BENEDIKT KUHN: DIE APFELWEIN-REVOLUTION

Benedikt Kuhn wollte nichts Geringeres als den Apfelwein vom Staub befreien und ihn endlich in der ganzen Republik bekannt machen. Damit stößt der junge Odenwälder eine Erfolgsgeschichte an, die ihresgleichen sucht. „Ich bin leidenschaftlicher Apfelweintrinker. Mich hat allerdings gestört, dass Apfelwein aus meiner Sicht so miserabel vermarktet wird. Bereits in seinem Studium stand für den angehenden Kommunikationsdesigner fest, eine zeitgemäße Kampagne zu kreieren, „weg von der altbackenen Darstellung". Für sein Vorhaben wagte er das Unvorstellbare: „Man kann die Apfelweinwelt nicht neu erfinden, wenn man sich nicht von der Flasche löst. Zumal die braune Flasche den frischen Charakter des Getränks nicht wiederspiegelt. Die Dose passt meines Erachtens besser und lässt sich auch rundherum gestalten." Er kreierte eine Dose mit drei nebeneinanderstehenden Icons: klar und verständlich. „Der Bembel steht für den Apfelwein, das Glas für die zerbrochene Apfelweinkultur und die beiden nach oben ausgerichteten Pfeile symbolisieren den Anspruch, den Apfelwein wieder nach oben zu bringen. Der Name der Marke, Bembel-With-Care®, leitet sich von ‚handle with care' ab und soll den sorgsamen Umgang mit dem Kulturgut unterstreichen." Die im Studium entstandene Kampagne war auf Anhieb solch ein großer Erfolg, dass sich Benedikt Kuhn 2007 entschließt, das Unternehmen Bembel-With-Care® zu gründen. Der Apfelwein selbst kommt von der Kelterei Krämer aus dem Odenwald. „Wir bieten hier jedoch keinen alten Wein in neuen Schläuchen an, sondern einen spritzigen Apfelwein mit gezielt viel Kohlensäure." Das kommt an. Bembel-With-Care® entwickelt sich zu einem Exportschlager weit über die hessischen Grenzen hinaus. Selbst in Russland, Kenia, Österreich, Schweiz, Spanien und Singapur ist man auf den Geschmack gekommen. 🍎

BREZELBUB RICHARD: EIN KORB VOLLER KÖSTLICHKEITEN

Eine am großen Weidekorb befestigte Fahrradklingel kündigt ihn schon lange an bevor man ihn sieht. Eine Frankfurter Institution betritt die Wirtschaft, wo er schon sehnsüchtig erwartet wird: Der Brezelbub ist da. Seit Jahrzehnten ziehen diese sympathischen Originale durch die Apfelweinlokale, um allerlei Gebäck zum Sofortverzehr anzubieten. „Die Tradition stammt noch aus den Zeiten, als in den Apfelweinkneipen nur Stöffche ausgeschenkt wurde und die jeweiligen Küchen noch keine Speisen im Angebot hatten. Die Gäste brachten sich ihr Essen mit oder kauften sich eben beim Brezelbub gebackene Köstlichkeiten. Dass hat sich inzwischen natürlich etwas geändert. In den Lokalen gibt es heute meist warmes Essen bis um zehn Uhr. „Den späten Hunger können wir dann mit unserem Angebot stillen", erklärt Richard, der seit zehn Jahren zur raren Zunft der Brezelbuben gehört und in Frankfurt und Umgebung seine Runden zieht. Er streift sich immer seine weiße Jacke über, besorgt sich täglich frisch die noch handgebackenen Waren aus einer Bäckerei in Altenstadt in der Wetterau und bestückt seinen Verkaufskorb. „Brezeln, Käsestangen in diversen Variationen, Knusperstangen, Kokosmakronen und natürlich Haddekuchen finden sich in der Auslage. Das Angebot ist breiter geworden, nur mit Brezeln und Haddekuchen kommen wir heute nicht mehr weit." Bei aller Leidenschaft ist der Brezelbub auch eine anstrengende und vom Aussterben bedrohte Tätigkeit. „Man muss den Kontakt zu den Menschen lieben und Durchhaltevermögen mitbringen, schließlich ist man den halben Tag bis spät in die Nacht unterwegs und längst nicht mehr bei allen Wirten willkommen. Aber die Apfelweinkultur und die Menschen hier in der Region sind so besonders, da ist man einfach gern ein Teil dieser einmaligen Tradition."

DAS APFELWEINMENÜ

Aus Äpfeln macht man Apfelwein, klar. Aber auch in der Küche sind
der Deutschen liebstes Obst eine raffinierte Zutat. Wie vielseitig sie
einsetzbar sind, zeigt die Kulinaria-Autorin Usch von der Winden,
aus deren Buch „Der Hessische Apfel" (erschienen im Societäts-
Verlag) die nachfolgenden Rezeptideen stammen. Guten Appetit!

Ebbelwoi-Cocktail

Von einem gewaschenen Apfel 1 Scheibe ohne Kerngehäuse abschneiden. Den Apfelwein mit dem Calvados oder dem Apfelkorn vermischen und den Läuterzucker zufügen. Kurz umrühren. Die Eiswürfel zugeben. Dann den gewaschenen Melissestängel ins Glas stellen und die Apfelscheibe an den Rand dekorieren. Einen Strohhalm platzieren und genießen.

Für 1 Glas

1 Apfelscheibe
100 ml Apfelwein
2 cl Calvados oder Apfelkorn
1 TL Läuterzucker
1–2 Eiswürfel
1 Stängel Zitronenmelisse

Tipp:
Läuterzucker ist ganz einfach herzustellen und für Mixgetränke unerlässlich. Er löst sich nämlich in eisgekühlten Getränken sehr schnell auf.

Man nimmt raffinierten Zucker und Wasser zu gleichen Teilen und kocht es auf. Schon nach 1 Minute Kochzeit bei 102 ˚C ist er fertig. Gibt man noch eine Prise Zitronensäure in die Kochmenge, verhindert das das Kristallisieren des ausgekühlten Läuterzuckers. So lässt er sich gut aufbewahren.

500 ml Wasser und 500 g Zucker ergeben 80 cl Läuterzucker.

Apfel-Blumenkohl-Suppe

Zwei der Äpfel schälen, entkernen, klein würfeln und in das Wasser mit dem Saft der halben Zitrone legen. Den dritten Apfel mit der Schale in kleine Ecken schneiden, mit dem restlichen Zitronensaft beträufeln, damit sie nicht braun werden und beiseitelegen. Den Blumenkohl putzen und in kleine Röschen schneiden. Die Frühlingszwiebel putzen und in Ringe schneiden. Apfelwürfel und Blumenkohlröschen zusammen in einer Schüssel mit dem Currypulver bestäuben und in einer hohen Kasserolle mit 2 EL nicht zu heißem Öl andünsten. Die Frühlingszwiebelringe zufügen und dann mit Brühe und Milch aufgießen. Alles für ca. 15 Minuten garen lassen, salzen und pfeffern. In der Zwischenzeit den letzten EL Öl in einer Pfanne erhitzen, die Baconstreifen darin für ca. 2 Minuten kross braten, herausnehmen und die trockengetupften Apfelecken darin goldbraun anbraten. Aus der Suppe eine Kelle voll Blumenkohlröschen herausnehmen, zu den Apfel- und Baconscheiben legen. Zum Servieren auf vorgewärmte Suppenteller jeweils einen krossen Baconstreifen, ein paar Röschen und Apfelscheiben auf die Suppe legen.

Für 4 Portionen

3 große, saftige, säuerliche Äpfel (z. B. Goldparmäne oder Gala)
Saft von 1 Zitrone
½ l kaltes Wasser
600 g Blumenkohl
2 Frühlingszwiebeln
3 TL Currypulver
3 EL Rapsöl
500 ml Gemüsebrühe
500 ml Milch
1 TL Apfelsalz
Grüner Pfeffer aus der Mühle
4 Scheiben Bacon

Tipp:
Mit getoastetem Weißbrot ist das eine komplette Mahlzeit.

Für 4 Personen

600 g Schweinefilet,
Bio-Qualität
2 frische Möhren
2 Stangen
Staudensellerie
2 Zwiebeln
1 saftig-süßer Apfel
(z. B. Roter Eiser-
apfel, Topaz)
1 Knoblauchzehe
50 g Butterschmalz
weißer Pfeffer aus
der Mühle
1 TL feines Meersalz
½ EL Dijon-Senf
150 ml Apfelwein
mit kräftigem
Eigengeschmack
300 ml Gemüsefond

400 g Möhren
1 Bund glatte
Petersilie
Salzwasser
100 ml Apfelwein
125 g Sahne
Salz, Pfeffer

Schweinefilet auf Apfelwein-Gemüse

Das Schweinefilet parieren, d.h. putzen, eventuell Sehnen abziehen, abwaschen, trockentupfen und in 8 gleich große Stücke teilen, beiseitelegen. 2 Möhren schälen. Die Staudenselleriestangen putzen und, wenn nötig, entfädeln. Den Apfel waschen, entkernen und mit der Schale in Scheiben schneiden. Die geschälten Möhren und Staudensellerie in kleine Würfel schneiden. Zwiebeln und Knoblauch schälen und ebenfalls klein würfeln. Das Butterschmalz in einem Schmortopf erhitzen. Die Schweinefilets salzen, pfeffern und im Butterschmalz von beiden Seiten kurz anbraten, sodass sie schön knusprig werden, herausnehmen und beiseitestellen. In dem Schmortopf jetzt Gemüse-, Knoblauch- und Zwiebelwürfel in dem Bratfett andünsten, salzen, pfeffern und den Senf darin verrühren. Die Hitze erhöhen, den Apfelwein nach und nach zugießen und zur Hälfte einkochen lassen. Die Schweinefilets auf diese Gemüsereduktion legen, mit dem Fond aufgießen und zugedeckt für 30 Minuten nochmals schmoren lassen. In der Zwischenzeit die Möhren waschen, schälen, in kochendem Salzwasser mit dem Apfelwein für ca. 15 Minuten bissfest garen lassen.

Die Sahne in den Schmortopf mit den Filets geben, wenn nötig nachwürzen. Die Möhren zum Servieren zu den Filets auf das Apfelweingemüse legen und die gehackte Petersilie darüberstreuen. Dazu passt am besten ein lockeres Kartoffelpüree.

Tipp:
Als besondere Schmankerl geben das Apfel-Chutney und das Apfel-Relish das entsprechende Aroma dazu.

Apfel-Taschen

Den Quark abtropfen lassen und in eine Schüssel geben. Die Äpfel schälen, entkernen, vierteln und dann würfeln. Die Mango schälen, das Fruchtfleisch vom Kern schneiden und ebenfalls würfeln.

Den Zucker in einem Topf goldbraun karamellisieren lassen. Mit dem Apfelwein ablöschen. Äpfel zufügen und für gute 2 Minuten köcheln lassen. Abtropfen lassen und zum Abkühlen beiseitestellen.

Die Teigzutaten zum Quark geben und mit einem Rührgerät alles zusammen zu einem glatten Teig verarbeiten. Auf einem mit Backpapier belegten Brett ausrollen und 14–16 Kreise zu je 12 cm Durchmesser ausstechen.

Den Backofen auf 180 °C vorheizen.

Auf einem mit Backpapier belegten Backblech die Teigkreise auslegen und auf je eine Hälfte der Kreise die Apfel-Masse verteilen. Die Kreisränder mit der Milch bepinseln und die eine Hälfte über die belegte andere klappen und gut zudrücken.

Die Teigtaschen im Ofen für ca. 20 Minuten goldbraun backen lassen. Den Puderzucker sieben und mit Apfelwein verrühren. Den Guss mit einem Spritzbeutel auf die Taschen spritzen.

Für 14–16 Stücke

Teig
150 g Magerquark
300 g Mehl
½ Pck. Backpulver
80 g Zucker
1 Prise Salz
Schale von
1 unbehandelten
Zitrone
100 ml Milch
100 ml Rapsöl

Füllung
5 säuerliche,
gerne auch etwas
mehlige Äpfel
150 ml Apfelwein
4 EL Milch

Guss
100 g Puderzucker
2 EL Apfelwein

Kontakt: Bembel GmbH · Große Rittergasse 88 · 60594 Frankfurt
Tel.: (069) 6636990 · www.bembel.de

Alex Frost: Der Lokalpatriot

Auf die klassischen Agentur-Insignien – Anzug und Luxusschlitten – gibt Alex Frost, Geschäftsführer und Mitbegründer der Frankfurter Werbeagentur Bembel GmbH wenig. Statt auf gewollte Coolness setzt man hier nicht nur mit dem bodenständigen Namen, sondern auch mit dem Standort in Alt-Sachsenhausen, ein deutliches Zeichen: „Wir bekennen uns zu unserer Region", sagt Frost. Die „Agentur für Reklame" war unter den ersten, die mit hessischen Sprüchen und Symbolen in die Werbung gegangen ist. 2004 war das. Heute ist die Bembel GmbH zwar immer noch anders als andere Agenturen, doch der Firmensitz ist nicht mehr in der ehemaligen Apfelweinkneipe in der Klappergasse, sondern in einem schicken Altbau aus der Gründerzeit, in dem auch die angesagte „Gästegemeinschaft Libertine Lindenberg" zu Hause ist. „Es war mal Zeit für einen Tapetenwechsel", erklärt Alex Frost den Umzug. Er fühlt sich sichtlich wohl. Kein Wunder, denn auch hier wird mit regionalen Elementen, wie den Rauten vom Gerippten oder Äpfeln, gespielt. Die Handtücher auf der Agentur-Toilette sind übrigens grau und blau. Bembel bleibt Bembel bis ins Detail. Dazu gehört nicht nur das tägliche Agentur-Business für Kunden wie den RMV, Jim Beam und Eintracht Frankfurt, sondern auch diverse Nebentätigkeiten: Etwa die Organisation von Events wie dem Weihnachtsmarkt auf dem Paradiesplatz oder den Onlineshop „Kaufrauscher.de", wo man alles bekommt, was das Herz eines jeden Hessen höher schlagen lässt: Vom silbernen Bembelkettchen über selbst entworfene Klamotten bis hin zu Bembel-Konfetti. Dinger gibt's, die gibt's gar net. „Unser Ziel war und ist es, die Apfelweinkultur wieder im Alltag zu verankern, denn die macht die Region so einzigartig. Darauf kann man ruhig stolz sein", findet Frost. Und so geht die Bembel-Mission immer weiter.

Kontakt: Obsthof Am Steinberg · Am Steinberg 24 · 60437 Frankfurt
www.obsthof-am-steinberg.de · www.apfelweinweltweit.de

ANDREAS SCHNEIDER: DER VISIONÄR

Es ist eine Erfolgsgeschichte, man kann es nicht anders sagen. Zumindest von der heutigen Warte aus betrachtet. 1993, als Andreas Schneider den Obsthof von seinen Eltern übernahm und zum Biohof umbaute, sah das noch ganz anders aus. „Da musste ich einiges an Spott und Häme über mich ergehen lassen", erinnert er sich. Doch weil er vom biologischen Landbau und seinem Vorhaben fest überzeugt war, ließ er sich nicht abbringen. Auf 15 Hektar Bioland hat er 8.500 Obstbäume, darunter Aroma-Obst wie 35 Birnenarten, Süßkirschen, Quitten und natürlich Äpfel. Mehr als 80 zumeist historische Sorten aus dem 16. bis 21. Jahrhundert. Deren Schutz hat sich der „Obsthof am Steinberg" verschrieben: „Dieses lebendige Kulturerbe wollen wir bewahren", sagt Andreas Schneider. Aus ihnen gewinnt er seine hochfeinen, teils sortenreinen Apfelweine, Schaumweine und Brände, für die er mehrfach ausgezeichnet wurde und die längst in den Weinkarten namhafter Sterne-Restaurants stehen. Mit dem Stöffche, das in vielen Frankfurter Apfelweinkneipen ausgeschenkt wird, haben seine handgefertigten Schoppen bis auf die gemeinsame Bezeichnung nichts gemein. Über die Jahre hat Schneider das einstige Getränk der armen Leute salonfähig gemacht, und die Winzer, die aus Trauben ihren Wein gewinnen, nennen ihn „Kollege". Das macht ihn stolz. Für diesen Erfolg arbeitet Andreas Schneider hart und erntet nun, wenn man so will, die Früchte seiner Arbeit. Allerdings wird die mit den Jahren nicht weniger. Im Gegenteil. Zumal er vor acht Jahren gemeinsam mit dem Apfelwein-Sommelier Michael Stöckl auch die internationale Apfelweinmesse ins Leben gerufen hat. „Das war auch so eine Idee, ein Wagnis", erinnert er sich. Heute ist sie die größte ihrer Art. Wer nicht wagt, der nicht gewinnt.

Genuss und Vielfalt

Wer nun neugierig geworden ist und sich intensiver mit dem umfassenden Thema „Apfelwein" beschäftigen möchte, der sollte unbedingt die nachfolgenden Lädchen aufsuchen. Hier findet man nicht nur die unglaublichsten Stöffche-Varianten, sondern auch Geschäftsinhaber, die sich mit Leib und Seele dem hessischen Nationalgetränk verschrieben haben. Und dabei schauen sie noch über den regionalen Tellerrand hinaus. Herz, was willst du mehr?

Apfelweinhandlung Jens Becker

Brückenstr. 21 · 60594 Frankfurt · www.apfelweinhandlung.de
Apfelwein mit Quitte, sortenrein oder mit Honig, in der ehemaligen Apotheke in Sachsenhausen findet jeder das passende Stöffche. Auf 130 Quadratmeter hat Jens Becker erlesene Manufaktur-Apfelweine zusammengestellt, die aus den Früchten der heimischen Streuobstwiesen stammen. Obendrein gibt es dazu passende Kulinaria und Accessoires. Verkostungen und private Veranstaltungen nach Absprache.

Apfelweinkontor

Wallstr. 13 · 60594 Frankfurt · www.apfelweinkontor.com
Wer wissen will, wie die Heimat schmeckt – zumindest die flüssige, hessische – dem sei ein Besuch im Apfelweinkontor angeraten. Man findet hier eine Vielzahl traditionell hergestellter Apfelweine, Apfelschaum- und Perlweine oder Säfte. Teils aus eigener Produktion oder aus hessischen Keltereien, die sich dem guten Geschmack verschrieben haben. Doch es gibt auch Überregionales zu entdecken: Sidras, Cidre oder Cider. Das schmeckt und macht Lust auf mehr.

MainGenussLaden
Heumarkt 6 · 63450 Hanau · www.kelterei-stier.de
Jörg Stier versteht sich auf Apfelwein. In der gleichnamigen Kelterei in Maintal-Bischofsheim werden nicht nur 40 verschiedene Stöffche eigenhändig gekeltert und ausgebaut, sondern der neue MainGenussLaden in Hanau bietet neben den eigenen Erzeugnissen auch allerhand Spannendes aus der Umgebung. Unbedingt probieren sollte man übrigens den Äppfelwoikochkäs, das Apfelgelee, den Apfelsenf oder den Drachensenf – ebenfalls aus eigener Herstellung!

Hessen Shop
5 x in Frankfurt (u. a. Leipziger Str. 49, 60487 Frankfurt)
www.hessen-shop.com
Die Idee zum Laden ist so einfach wie genial: Neben Apfelwein und anderen geistreichen Getränken aus Äpfeln findet man hier hochwertige Produkte aus und über die Region. Eben alles, was das Hessen-Herz braucht: Delikatessen aus überwiegend biologischem Anbau, moderne Hessensouvenirs oder authentische Kultprodukte. Für den Eigenbedarf oder als Geschenkidee.

Kaufhaus Hessen
Berger Str. 288 · 60385 Frankfurt · www.kaufhaushessen.de
Unter dem Motto „Made in & for Hessen" werden hier ausschließlich Produkte verkauft, die in Hessen hergestellt sind oder einen Bezug zum Bundesland Hessen aufweisen. Die Auswahl umfasst Lebensmittel, Kleidung für die ganze Familie, Wohnaccessoires, Literatur, Spiele und und und. 949 Artikel sind derzeit online. Im Ladengeschäft sind es noch mehr. Nix wie hin!

Frankfurtladen der Kulturothek

An der Kleinmarkthalle 7-9 · 60311 Frankfurt
www.kulturothek-frankfurt.de

Die Kulturothek ist in Frankfurt seit über 25 Jahren eine Institution, wenn es darum geht, die Facetten und Geschichte(n) der Stadt auf ebenso unterhaltsame wie interessante Weise erlebbar zu machen. Bei den zahlreichen Führungen zu den unterschiedlichsten Themen können auch gebürtige Frankfurter noch viel lernen. Eine weitere Möglichkeit, die Stadt kennenzulernen, bietet der angeschlossene Frankfurtladen. Hier findet man lauter nette Sachen, die sich mit der liebenswerten Stadt am Main beschäftigen.

Termine

Apfelwein International - United World of Cider
Frankfurt, Gesellschaftshaus Palmengarten
www.apfelweininternational.de
Im stilvollen Ambiente des Gesellschaftshauses im Palmengarten lässt sich bei der Internationalen Apfelweinmesse im Frühjahr die neue Welt des Stöffchens ebenso entdecken wie die fast vergessenen Apfelsorten, die der Pomologenverein in seiner großen Apfelausstellung präsentiert. Zudem kann man die neuesten Apfelwein-Innovationen und über 400 Spezialitäten der 100 Aussteller Deutschland, Europa und der Welt verkosten. Gastland ist diesmal Dänemark. Ein Erlebnis!

Ebbelwoifest Langen
Langen, Altstadt · www.vvv-langen.de
Jedes Jahr am letzten Wochenende im Juni wird in Langen das Ebbelwoifest gefeiert. Im Mittelpunkt der vier Tage steht der Vierröhrenbrunnen in der malerischen Altstadt, aus dem während des Festes das gelbgoldene Stöffche fließt. Zehntausende Besucher genießen die Stimmung an den Ständen, Karussells, in den Gaststätten und Wirtschaften. Das bunte Rahmenprogramm mit Feuerwerk, die Wahl zum Ebbelwoikönig und vielem mehr begeistert Groß und Klein. Das Ebbelwoifest Langen wird vom Verkehrs- und Verschönerungsverein 1877 Langen e. V. organisiert.

Frankfurter Apfelweinfestival
Frankfurt, Innenstadt
www.frankfurt-tourismus.de/apfelweinfestival
Schon seit Jahrhunderten macht die Apfelweinkultur einen großen Teil des Lebensgefühls in der Mainmetropole aus. Seit sieben Jah-

ren bietet die bei Frankfurtern und Besuchern beliebte Veranstaltung nicht nur kulinarisch alles zum Thema, sondern auch originelle Accessoires sowie ein buntes Bühnenprogramm mit Livemusik. Das Apfelweinfestival findet immer im Sommer in der Frankfurter Innenstadt statt.

Kelterfest Karben
Karben, Brunnenstraße
www.karben.de
Jährlich im September laden die Stadt Karben, der BUND und der NABU Karben mit weiteren Mitstreitern und Anbietern zu einem fröhlichen Kelterfest ins Jukuz Karben ein. Im Mittelpunkt stehen natürlich die Äpfel, das Keltern und Produkte, welche sich daraus machen lassen. Darüber hinaus sensibilisiert das Fest für Obstbäume auf Wiesen und in Gärten und für die Tier- und Vogelwelt, die dort zu Hause ist. Musik und ein Kinderprogramm machen das Kelterfest zu einem lohnenden Ausflug für die ganze Familie.

Welt-Apfelwein-Tag

www.weltapfelweintag.de

Stöffche, Most, Cider, Sidra – das spritzige Getränk hat zahlreiche Namen. Egal, wo er getrunken wird: Apfelwein macht gute Laune und vermittelt ein einzigartiges Heimatgefühl. Der Welt-Apfelweintag am 3. Juni markiert jedes Jahr den Beginn der Keltersaison und ist eine Liebeserklärung an das internationale Kultgetränk. Dazu lassen sich die hessischen Kelterer, Wirte oder Streuobstwiesenbesitzer für die Apfelweinfans jedes Jahr einiges einfallen, u.a. Kelterei-Führungen, kostenfreie Verkostungen etc. Sämtliche Infos findet man auf der Internetseite.

Darüber hinaus gibt es natürlich noch zahlreiche weitere Termine rund ums Stöffche – wie etwa die immer zu Beginn des Jahres stattfindende Erlebnismesse „Land und Genuss" auf dem Frankfurter Messegelände (www.landundgenuss.de). In Hanau-Steinheim, dem Ausgangspunkt der hessischen Apfelweinstraße, findet an jedem letzten August-Wochenende das „Bundesäppelwoifest" statt. Es beginnt mit dem Anstich des ersten Fasses „Äppelwoi" und der feierlichen Krönung der Bundesäppelwoikönigin und des Bundesäppelwoikönigs.

Sämtliche Informationen rund um das Hessische Nationalgetränk bietet übrigens die Internetseite **www.apfelwein.de** vom Verband der Hessischen Apfelwein- und Fruchtsaft-Keltereien e.V. Auf dem Portal finden Sie alles Wissenswerte zu den Themen Apfel, Apfelwein und Obstwiesen in Hessen - und noch vieles mehr!

Souvenirs rund um den Apfelwein

iPhone-Hülle "Schobbe Case" · www.hessen-shop.com

Büroklammern · u.a.: www.kulturothek-frankfurt.de

Tasche · www.kaufrauscher.de

Rippis · Bembelbabe · u.a http://shop.kaufhaushessen.de

Feuerzeug · u.a.: www.hessen-shop.com

Regiestuhl mit Bembelmuster · u.a.: www.hessen-shop.com

Topflappen · rewollte · u.a.: www.kulturothek-frankfurt.de

USB-Stick · u.a. www.hessen-shop.com

Schnuller · www.kaufrauscher.de

Kissenhülle · Koffer
u.a.: www.hessen-shop.com

Fotowürfel · Frankfurter Bubb
u.a. http://shop.kaufhaushessen.de

Mütze · rewollte
u.a.: www.kulturothek-frankfurt.de

Ebbelwoi Guutsjer · Kelterei Stier
u.a.: www.kulturothek-frankfurt.de

Ebbelwei Wellness-Set
www.hessen-shop.com

Windlicht · Andrea Moseler
u.a.: www.hessen-shop.com

Mini-Bembel silber
www.kaufrauscher.de

Äppler Watch · www.possmann.de

Bildnachweis

Bembel with Care: 98
Dr. Höhl's GmbH und Co KG: 14
Eisenblatt, Bianca: 9
Flügelwesen - photocase.de: 119
Gabriele Abu-Dayeh - Fotolia.com: 24
Heibel, Hermann: 8
Kelterei Dölp - Martin Diehl: 28
Kelterei Heil: 9
Kelterei Rapp's und Kelterei Höhl: 30
lenaalyonushka - Fotolia.com: 11, 12, 15, 17, 29, 31, 37, 39, 40, 43, 45,
    55, 57, 99, 101, 111, 113
mariposapapillon - Fotolia.com: 27
michaelheld - photocase.de: 102
Obsthof am Steinberg - Agentur Blofield: 112
pencake - photocase.de: 19
Prokofiev, Daniel: 16, 36, 38, 42, 44, 54, 56, 100, 110
Rüffer, Reiner: 22, 32 mitte, 33, 46, 49, 64, 70, 75, 78, 83, 97, 117, 120
Stadt Frankfurt am Main: 8
Souvenierseiten 124-125: Feuerzeug, Regiestuhl, USM-Stick,
    Ebbelwei-Wellness-Set: HSV Hessen-Shop VertriebsGmbH;
    Bembel-Topflappen rewollte, Bembel-Mütze rewollte, Ebbel-
    woi-Gutsjer, Bembel-Büroklammern: Kulturothek; Rippi:
    www.bembelbabe.de; Äppler Watch: Kelterei Possmann GmbH
    & Co.KG; Fotowürfel: www.kaufhaushessen.de; Kissenhülle:
    www.mykolter.de; Bembel-Windlicht: www.andreamosler.com;
    Schobbe Case: smartmod GmbH; Tasche, Schnuller, Silberket-
    te: www.bembel.de
stockphoto-graf - Fotolia.com: 13
Tourismus + Congress GmbH, Frankfurt am Main, Holger Ullmann:
    115
Verband der Hessischen Apfelwein- und Fruchtsaft-Keltereien e.V.:
    9, 27 unten, 32 links, 35, 51
Von der Winden, Usch: 24–26, 104, 106, 108
Wolfi30 - Fotolia.com: 25

Komm zu uns auf's Land!

Hessens Landschaften bringen regionale Produkte hervor, die in Deutschland einzigartig sind und unser Bundesland prägen. Zu schmecken und zu erleben bei einem Besuch auf unseren Höfen, Märkten und Gastwirtschaften.

Hessen Agentur GmbH / Paavo Bläfield

Viele Anregungen und Reisetipps zu Ihrem Naturerlebnis in Hessen erhalten Sie in der Broschüre „Natur, Land, Hessen". Kostenfrei zu bestellen auf **www.hessen-tourismus.de** oder unter **info@hessen-tourismus.de**

Natur, Land, Hessen.

www.facebook.com/HessenTourismus   #hessentourismus

RheinMainCard

Für kleines Geld kreuz und quer durch die Region!

NEU

Ermäßigung auf mehr als **40** Attraktionen

Bus und Bahn inklusive

2 Tage Days — RheinMainCard 2017/2018 22,00 €

2 Tage Days — RheinMainCard 2017/2018 46,00 €

Usch von der Winden
Der Hessische Apfel

Dass der Apfel immer eine Sünde Wert ist, gilt besonders in Hessen. Usch von der Winden, vielbeschäftigte Kulinaria-Autorin und Spezialistin für gut verständliche und nachkochbare Rezeptideen, rückt den hessischen Apfel und die dazugehörigen Streuobstwiesen, ein wichtiges Gut, endlich ins rechte Licht. Hessen ist das größte deutsche Apfelland – umso dringlicher, die besten Sorten, Produkte und Rezepte in einem handlichen Buch zu vereinen.

Das Buch versteht sich als prallgefüllter „Lokalmatador", angefangen bei den alten, traditionellen Sorten bis hin zur Neuentwicklung, glänzt mit einer großen Vielfalt weltweit geschätzter Äpfel, Apfelwein und knackigen Reinbeiß-Äpfeln sowie einfachen und dennoch kreativen Rezepten von herzhaft bis süß. Als Schmankerl runden ein Jahreskalender zu hessischen Apfel-Events und ein „Diätassistent" zum Thema Apfel das Angebot für den Leser ab.

140 Seiten
Broschur
ISBN 978-3-95542-166-3
12,80 Euro

Boris Tomic
Best of Frankfurt

Stadtführer über die Metropole am Main gibt es reichlich, dieser hier ist in seinem Konzept völlig neu. „Best of Frankfurt" konzentriert sich auf die Hot Spots der Stadt, die schnell wechselnden In-Locations ebenso wie auf die besten Adressen für Freizeit, Kultur oder Sport. Was macht Frankfurt wirklich aus, welche Plätze sind „kult" und wo ist man dem Puls der Stadt besonders nah?

Boris Tomic konzentriert sich aufs Beste, was die dynamische Diva am Main zu bieten hat. Ob Partys, Restaurants oder Museen - für jeden Geschmack hält das Buch frisch recherchierte Empfehlungen bereit. Übersichtlich aufbereitet und rasch nachzuschlagen, das ideale Begleitbuch für jede Gelegenheit. Tauchen Sie ein in die große kulturelle Vielfalt und erleben Sie Frankfurt, wie es wirklich ist. „Best of Frankfurt" führt Sie zielsicher dorthin, wo sich Lebensgefühl, Kreativität und Eigenheiten der Einheimischen auf originelle Weise mischen.

200 Seiten
Klappenbroschur
ISBN 978-3-95542-150-2
12,80 Euro